TROTZDEM

CLASSE

TROTZDEM V
Classe
Classe
Andrea Cavalletti

Organização: Andrea Cavalletti
Tradução: Vinícius Nicastro Honesko
Preparação: Tamara Sander
Revisão: Fernanda Alvares, Andrea Stahel
Projeto gráfico: Luísa Rabello
Produção gráfica: Clarice G Lacerda
ISBN: 978-65-5998-037-6

Âyiné
Direção editorial: Pedro Fonseca
Coordenação editorial: Luísa Rabello
Coordenação de comunicação: Clara Dias
Assistente de comunicação: Ana Carolina Romero
Assistente de design: Lila Bittencourt
Conselho editorial: Simone Cristoforetti,
Zuane Fabbris, Lucas Mendes
Praça Carlos Chagas, 49 — 2º andar
30170-140 Belo Horizonte — MG
+55 31 3291-4164
www.ayine.com.br
info@ayine.com.br

Quest'opera è stata tradotta con il contributo del Centro
per il libro e la lettura del Ministero della Cultura italiano

CLASSE

ANDREA CAVALLETTI

Tradução
VINÍCIUS NICASTRO HONESKO

Âyiné

SUMÁRIO

Nota dos editores e tradutor

Todos os textos das citações de outras línguas presentes no livro foram traduzidos diretamente do texto original de Cavalletti; o autor optou por traduzir diretamente as citações do original ou citar edição italiana com alterações. Desse modo, preferimos manter inalteradas as referências bibliográficas do texto original italiano para não sobrecarregar as notas com referências às edições brasileiras, muitas vezes notórias e de fácil localização.

Nova Orleans está inundada, e a guarda nacional corre contra a multidão exasperada. Explodem as *banlieues*, como em Exarchia, e — estranho fenômeno — os bandos revoltados parecem ressuscitados das páginas empoeiradas da *Psychologie des foules*. Ora, precisamente Gustave Le Bon, o bom e velho reacionário, deixou escapar uma explicação: «Estas multidões trepidantes e más, núcleo de todas as insurreições, da Antiguidade aos nossos dias, são as únicas que os retóricos conhecem» (*La Révolution française et la psychologie des révolutions*, 1912).

Circunscrever o lugar de produção do perigo é uma operação antirretórica: significa também revelar, no centro do dispositivo social, a possibilidade de uma parada.

Uma possibilidade como essa é apenas a destruição das condições úteis e necessárias ao dispositivo. E *esta* destruição não será mérito de nenhuma multidão ruidosa...

1. O que é a sociedade moderna? Jean-Claude Milner deu, em seu estilo apodítico, uma resposta clara: «é a sociedade que nasceu da ruptura de 1789-1815. Que se entenda bem, ela não se constituiu imediatamente, nem em todos os lugares, mas um ideal foi construído» (*Les Penchants criminels de l'Europe démocratique*, 2003). Como não escaparia aos «observadores mais iluminados do Congresso de Viena», pela primeira vez era proposto à Europa um tipo de sociedade e não um tipo de governo — seja a monarquia absoluta no século XVII ou, na época da Revolução, o conceito de instituições republicanas de Saint-Just. Se o ideal político sempre havia sido o governo, «o século XIX, pelo contrário, coloca a sociedade no centro do dispositivo».

Ora, essa nova organização dos poderes se tornou possível também porque seu novo centro — um centro que é, ao mesmo tempo, de incidência e de irradiação — alcançou uma evidência muito especial: «o emergir da sociedade como ponto organizador da visão política do mundo — e não mais o bom governo —, eis em que consiste a grande descoberta de Balzac. Ele a fez em Paris. Só podia ter feito lá. De fato, em Paris aconteceu o mais claro exemplo de uma sociedade que, para permanecer igual a si mesma, passa seu tempo procurando um governo, recusando-o quando o grau de adequação desce abaixo do tolerável».

Mas, acrescenta Milner,

> é preciso generalizar: a própria sociedade se desenvolve progressivamente a partir das duas margens da Mancha e dos dois lados do Atlântico Norte, com seus diferentes tipos de governo [...]. No final, os doutrinários terão de construir um modelo [...] que seja o denominador comum de todos estes governos diferentes e reúna em si as propriedades mínimas

requeridas para servir da melhor forma possível a sociedade ideal [...] o denominador comum se chama *democracia*.

Se aqui é óbvio que, não estando o tipo de governo no centro do problema, o advento de um governo não democrático não desmentirá a sociedade, também está implícito que a própria democracia estará pronta para mudar seus contornos: plástica e disponível para a própria transformação, poderá desvanecer-se, quando o grau de adequação o exigir, e abrir-se a seu aparente contrário. Nesse sentido, permanece sendo exemplar, e a seu modo coerente, a posição de Carl Schmitt, que no período de Weimar via na aclamação e na identidade de governante e governado os fundamentos da democracia, e que depois de 1933 afirmava os mesmos princípios em chave nacional-socialista.

Paris não é a capital democrática, mas, sobretudo, é a capital da sociedade. E a sociedade moderna, que ultrapassa qualquer governo e pode colocá-los em comum no denominador da democracia, é em primeiro lugar *ilimitada*. Não é infinita mas, por maior ou menor que seja o número de seus membros, por mais amplo que seja seu desdobrar-se, o essencial é que ela não conhece limites. «Não só», escreve Milner, «não há nenhum existente que deva ou possa constituir um limite ou uma exceção, como também a função de sociedade já inclui entre suas possíveis variáveis todo o existente, seja humano ou não humano, animado ou inanimado. Não existe nada nem ninguém em relação ao qual a função deixe de produzir sentido. Não existe nada nem ninguém que suspenda a sociedade.»

A cidade não é um espaço infinito, mas o domínio próprio e ilimitado do social. Parece impossível, onde quer que nos encontremos, escaparmos de Paris.

2. Em 1787, Giuseppe Palmieri encaminha à impressão suas *Riflessioni sulla pubblica felicità relativamente al Regno di Napoli.* O advérbio «relativamente» é paradigmático. No século XVIII, as artes governamentais, o cameralismo alemão ou austríaco em suas variantes, a *science de la police* francesa, a economia civil na Itália, ainda visavam ao particular; as ciências mudavam com os governos, e às migrações dos autores, de um domínio para outro, de uma corte para outra, sucediam-se novas versões dos tratados. Os regimes ainda podiam ditar as regras do saber político. Mas ao mesmo tempo surgia a razão única da população, verdadeira riqueza de todos os Estados e conceito central para qualquer arte de governo. A população, à qual os soberanos deviam agora dedicar os cuidados mais atentos, não era apenas o número total dos habitantes da Holanda ou da França, mas — segundo a expressão tornada famosa por Damilaville — a relação entre esse número e o território nacional. Assim, o número mudava, e mudavam a extensão e as características dos territórios, enquanto a fórmula permanecia comum. Isso porque também as razões, sempre particulares, do clima e do *milieu* não contradizem mas confirmam, como suas variáveis, a função geral e imprescindível da população. A cidade era, antes de tudo, certa relação do espaço com os habitantes e correspondia a certas condições dos seres vivos, que deviam ser as melhores. Apenas quando essa relação já não tiver necessidade de ser definida, sendo então implícita e evidente como tal, a população dará lugar à sociedade. Os tratados setecentistas enunciavam as regras da boa construção da cidade como regras de sã constituição e de bem-estar de um corpo político para eles ainda novo. Se «a burguesia submeteu o campo ao domínio da cidade», é porque esta se tornou o princípio inevitável: a própria conservação

do campo e a eventual ruralização da cidade serão, de agora em diante, apenas questões urbanísticas. Assim, a urbanística será, a partir do século XIX, a disciplina já sempre imersa no social, enquanto o social deverá se referir à nova disciplina, na qual todos os saberes relativos à população são reunidos e transformados.

3. A ciência sociológica, afirma Émile Durkheim, refere-se aos fatos. Mas é só na dobra histórica da qual a própria sociologia pode se libertar e que para ela permanece ignorada, é só no ponto cego do próprio olhar sociológico que os «fatos» adquirem seu caráter e sua consistência peculiares. Sua evidência denuncia uma opacidade e, ao mesmo tempo, mostra uma marca constitutiva específica: se os fenômenos sociais são «fatos concretos» e não têm nada de abstrato, se a sociologia não se reduz assim a mera erudição, se o verdadeiro sociólogo, por fim, se inclina sempre para os fatos, é justamente porque nada *na perspectiva ilimitada da sociedade pode deixar de ser um fato*. É o pertencimento ao ilimitado que decreta o fato como tal. E a sociologia se mantém em contato contínuo com o detalhe dos fatos na medida em que, tal como a democracia, é uma expressão precisa do dispositivo social, que se diferencia em suas ciências e busca se autorregular. Essa ligação inseparável, que define a verdadeira tarefa sociológica, elabora-se, na perspectiva de Durkheim, também como linha, ou melhor, «evolução» dos fatos sociais. A inércia não faz parte de sua natureza. São fatos estranhos, móveis e variáveis. Mudam no tempo, combinam-se e integram-se, uma vez que pertencem a duas ordens opostas: a do saudável e a do doentio, a do normal e a do patológico. Fatos normais e fatos patológicos são postos e observados

em conjunto, mas não deixam de constituir variantes que sempre devem ser distinguidas para que sejam recompostas na linha que leva do patológico ao normal e a partir do normal declina ao patológico. O método de Durkheim, que reconhece tipos qualitativamente diversos de sociedade, que deixa a Comte a ideia de progresso único para introduzir a descontinuidade da história, representa a técnica mais radical de integração na linha evolutiva, isto é, de inclusão dos «fatos» como tais, ou de constituição ilimitada do social. O fato de qualquer sociedade ser singularmente distinguível quer dizer que qualquer sociedade é, *a seu modo*, «normal». Tudo tende, de modo singular, ao normal, nada existe que não seja social.

4. Se existe um fato cujo caráter patológico mostra-se incontestável, é o crime. Todavia, Durkheim convida a considerar o problema de maneira menos apressada. Não existe sociedade isenta de crime, e ele não desaparecerá com o evoluir das condições sociais, mas mudará de forma. «Uma vez que não é possível existirem sociedades em que os indivíduos não se distanciem mais ou menos do tipo coletivo, é também inevitável que, entre essas divergências, existam algumas que apresentam um caráter criminoso.» Entre constituição da normalidade coletiva e originalidade individual há uma relação contínua: *l'une ne va pas sans l'autre*, uma define a outra, e, para que a sociedade possa evoluir, aquilo que difere da norma geral deve continuamente ser exposto. «O crime» — lê-se nas *Règles de la méthode sociologique* (1895) — «desempenha assim um papel útil na evolução social. Não só implica que o caminho para as mudanças necessárias permaneça aberto, mas também, em certos casos, prepara diretamente essas mudanças. Onde ele existe, não apenas os sentimentos coletivos

estão no estado de maleabilidade necessária para assumir uma

nova forma, mas ele também contribui, por vezes, para predeterminar a forma que tais sentimentos assumirão.»

Em *De la division du travail social* (1893), Durkheim tinha decididamente excluído o criminoso da dinâmica da sociedade. Mas, diante das razões do ilimitado, a própria sociologia reclamava um ajuste posterior. Do mais correto ponto de vista das *Règles*, o criminoso se apresenta assim sob o aspecto totalmente novo de regulador da vida social — e dita uma tarefa política precisa: «O dever do homem de Estado não é impelir violentamente a sociedade a um ideal que lhe pareça sedutor; seu papel, pelo contrário, é o de médico: ele previne a eclosão das doenças por meio de uma boa higiene e tenta curá-las quando já se manifestaram». Sociólogo e estadista se parecem: o médico resume seus traços comuns. As ciências sociais verificam a tolerabilidade dos governos, põem de sobreaviso quanto ao emergir de ideais demasiado rígidos, mas devem também elas estar em sintonia com a sociedade, voltar às próprias posições e evitar exclusões demasiado apressadas. Homem de Estado e sociólogo não podem prescindir do criminoso, ao qual o papel, «necessário e útil», de «regulador» (*agent régulier de la vie sociale*) não deixa saídas.[1] Se a normalização social é ilimitada,

1 É preciso notar que o texto de Durkheim lembra muito Marx na breve *Digressão (sobre o trabalho produtivo)* do Quarto Livro do *Capital*: «Um filósofo produz ideias, um poeta poemas, um pastor prédicas, um professor compêndios, e assim por diante. Um criminoso produz crimes [...]. O criminoso surge como um dos 'niveladores' naturais [*natürliche 'Ausgleichungen'*] que estabelecem um justo nível e abrem uma completa perspectiva às ocupações 'úteis'». Como é notório, a página de Marx foi publicada postumamente por Karl Kautsky, apenas em

ilimitada é de fato a criminalização. Num duplo sentido: não só não deixarão de existir os «fatos» sociológicos por excelência do crime e do criminoso, como — é preciso acrescentar — nenhum modelo de normalização ou integração do fenômeno e nenhum nível de reação ou repressão serão excluíveis por princípio. Assim, a anormalidade absoluta espreita em Durkheim: «Pode acontecer que também o crime assuma formas anormais [...] por exemplo quando atinge um índice exagerado». Os criminosos podem se tornar «nocivos» sem por isso deixarem de ser socialmente relevantes, sem deixarem de produzir sentido para a sociedade democrática, a qual, por outro lado, se mantém bastante maleável para liquidá-los. Mesmo a eliminação dos indesejáveis é um fato social.

Em Paris nada nem ninguém é, usando a palavra escolhida por Durkheim, *insociável*. Paris é o lugar da normalização do próprio crime, cujas formas, junto com as do governo, de vez em quando se tornarão toleráveis. E aqui ressoa a verdade sobre a livre concorrência enunciada por um inconsciente Proudhon: «trata-se de encontrar seu equilíbrio, poderia até mesmo dizer, a *polícia*»; ela não diz respeito apenas ao trabalho ou ao lucro, e encontra no social seu *a priori*.

5. «Pode-se amar uma cidade», escreveu Furio Jesi em *Spartakus* (2000, póstumo), «podem-se reconhecer suas casas e suas ruas nas mais remotas ou mais caras memórias; mas [...] apropriamo-nos de uma cidade fugindo e avançando no alternar-se dos ataques, muito mais do que brincando como crianças

---

1905, dez anos depois de *Les Règles de la méthode sociologique*. Assim, *Ausgleichung* traduz *agent régulier*, a paródia precede o original.

por suas ruas, ou por elas passeando mais tarde com uma moça.

Na hora da revolta não se está mais só na cidade».

O que é uma revolta? É, explica Jesi, uma suspensão do tempo «normal» instaurado pelo poder. Mas o caráter de pura suspensão de forma alguma nega a sociedade, pelo contrário, condena a revolta ao fracasso. Precisamente como suspensão do tempo, a revolta deverá acabar; e no domínio do ilimitado a palavra rapidamente voltará a quem dava as ordens: «Depois da derrota da Comuna, o serviço da *sûreté* ficou como que exausto. A perturbação da ordem social», dizem as *Mémoires de Monsieur Claude, Chef de la Police de sûreté sous le Second Empire* (1882),

> foi provocada menos pelas ruínas de nossos palácios e de nossas casas incendiadas do que pela confusão que se deu em todas as administrações. No que dizia respeito à justiça, o incêndio de seu Palácio havia causado a destruição dos arquivos e das atas do registro civil; o que favorecia todos os malfeitores. Não mais existindo registros criminais, os revoltosos da sociedade podiam dizer que eram puros como anjos e que o fogo os tinha purificado. Talvez de propósito? Em todo caso, satisfazendo seus desejos, a Comuna lhes assegurava a impunidade. Eles se aproveitavam dela, como tinham se aproveitado da guerra para tomarem os arredores de Paris e aí estabelecer seu domínio depois da partida do inimigo. Como nas épocas passadas de guerra e de anarquia, reapareceram nos departamentos do Sena, de Seine-et-Marne e Seine-et-Oise, bandos de refratários e assassinos que deviam ter sido entregues à justiça. Era sobretudo indispensável fazê-los sair dos quadros da política, e empurrá-los para seus lugares naturais,

apesar do papel de rebeldes que tinham usurpado [...] se essa imensa tarefa teve sucesso, foi graças à delação.

6. Paris é o campo de ação da máquina policial. Esta funciona, como é notório, segundo os três princípios colaboradores da repressão, da inspeção e da informação, da qual a delação naturalmente descende.

Quem é um delator, ou *mouton*, no velho *argot* carcerário? E o que faz um informante? Como definir sua ação? Ora — como explicou Richard Cobb —, é justamente este seu problema: fazer-se reconhecer como tal. No início de sua atividade, deve realizar mil esforços para ganhar credibilidade. Deve acumular saberes e notoriedade, e especializar-se. Assim, quando a destruição dos arquivos escancarar o caminho aos informantes, estes, por experiência, por continuidade, por seu capital de notícias e por seu método, por fim poderão se mostrar como verdadeiros arquivos vivos. Se o arquivo chega e se difunde nos informantes, a polícia é o meio dessa metamorfose. E, se o ambiente mais favorável ao informante é de fato o cárcere, é justamente aí que ele tende a se superar, buscando assumir um novo papel. Aí, em contato direto e constante com a polícia, os *moutons*, em seu frenético desejo de se distinguir, afirmar e convencer, não só constroem conspirações a partir do nada, como chegam a dotá-las de todos os aparatos característicos, engenhos e apetrechos afins, que são, por assim dizer, «escondidos», isto é, exibidos de modo muito teatral nesse lugar da inspeção, da repressão e da informação contínuas e perfeitas. Nisso se alcançam ápices admiráveis, quando os espiões que têm mais credibilidade se confundem com os agentes provocadores, e os policiais com os informantes, quando a exigência incansável de notícias já não se distingue da oferta inesgotável. O perigo então coincide com sua assinalação, e o crime com a delação, enquanto a inspeção é sistematicamente antecipada pela exibição das «provas». Nesses seus momentos felizes, a máquina policial gera a si própria. Não apenas porque o informante agora está pronto para entrar em seus quadros. Por sua vez, com efeito, também a polícia adaptará as informações que recolhe para as autoridades a que se destinam, e, como uma verdadeira informante, só escolherá suas fontes para se tornar grata a seus clientes, chegando a criar as próprias informações e os eventos a que elas se referem.

O ponto em que o informante se afirma plenamente e tende a se superar como agente provocador torna-se assim também aquele em que a polícia se torna, a rigor, capaz de governar. De modo direto e violento ou indireto, sutil, dissimulado e difuso: a partir do momento em que é a polícia que fabrica as notícias, também a informação geral imitará o modelo policial.

Será que tudo isso acontece na democracia? Qual é a relação entre os governos dos policiais e a sociedade melhor e sua ordem mais harmônica? «Ainda que a polícia, nas particularidades, seja parecida em todos os lugares, não se pode deixar de reconhecer que seu espírito é menos destrutivo onde ela encarna (na monarquia absoluta) o poder soberano, onde se conjuga a plenitude do poder legislativo e executivo, que nas democracias, onde sua presença, não elevada por uma relação do gênero, dá testemunho da máxima degeneração possível da violência.» As famosas palavras de Walter Benjamin (*Zur Kritik der Gewalt*, 1921) se tornam novamente legíveis no sentido do ilimitado: se a democracia é expressão direta da sociedade, é justamente na democracia que a força policial não conhece limites.

7. O arquivo pode ser destruído sem que a estrutura da sociedade seja tocada: a cidade, lugar do social por excelência, de fato não é um repositório inerte de notícias, mas o mapa vivo, móvel e ilimitado dos crimes. Das estradas à prisão e aos jornais prossegue assim sem obstáculos a atividade única e febril: sua tarefa consiste em reconduzir o crime para o interior do jogo da normalidade social. Essa tarefa não diz respeito só aos indivíduos, mas sobretudo a *bandos* inteiros de refratários à ordem, ou melhor, a multidões ou massas criminosas.

A experiência do *mouton* se manifesta melhor e se torna mais profícua quando acontece algo inesperado. Com a explosão repentina da revolta, que interrompe a continuidade arquivista, surgem os delatores, úteis e recrutáveis. Mas assim, num rompante, anima-se também a multidão, perigosa por definição. O policial e o agente provocador sabem melhor do que ninguém que «a massa de acossamento se forma tendo em vista uma meta que se pode atingir rapidamente» (Elias Canetti, *Masse und Macht*, 1960). No jogo antagonista da multidão, que consiste em se formar e, com a mesma rapidez, se dissolver, a polícia recompõe assim continuamente a normalidade social, instaurando o domínio dos «fatos» sem contradição. Paris é a capital de Haussmann e do comissário Bertillon, é a sociedade que avança onde a multidão revoltosa bate em retirada.

Da cidade só é possível se apropriar verdadeiramente no instante da revolta, pois só a revolta torna, num átimo, a cidade de fato conhecível. Nesse momento, e pela primeira vez, já não se está só. Então, o «já não se está só» passa a ser «de novo se está em sociedade». A cidade volta a ser inapropriável, enquanto a urbanística emerge das poeiras da massa dispersa.

8. Pensemos no problema do crime coletivo. Scipio Sighele, autor de *Folla delinquente* (1891), distinguia nitidamente a multidão da sociedade. Por menor que seja, qualquer sociedade é semelhante ao que Bentham chamava de «corpo político permanente», constituindo um campo de relações contínuas e orgânicas entre indivíduos dotados de características homogêneas. A multidão, pelo contrário, «é um agregado, *por excelência heterogêneo*, de homens, uma vez que é composta de indivíduos de todas as idades, de todos os sexos, de todas as classes e condições sociais, de todas as moralidades, de todas as criações, e *por excelência inorgânica*, dado que se forma sem acordo prévio, de repente, de modo instantâneo». No estudo desses novos «fatos», ocasionais e efêmeros, a psicologia coletiva virá em auxílio da sociologia.

Na multidão perigosa, fenômeno em que o crime se difunde, não conta tanto quem persiste — o delinquente inveterado, sujeito já bem conhecido — mas quem se envolve de maneira inesperada e pela primeira vez. Sighele, portanto, fala de sugestão e recorre à analogia com a hipnose (que Freud definirá, trinta anos depois, como «uma massa a dois»); cita a psiquiatria francesa, a experiência da escola da Salpêtrière contra as teorias da escola de Nancy. Remonta a Charcot, Gilles de la Tourette, Pitres; «a irresponsabilidade dos sujeitos hipnotizados», defende este último, «nunca é absoluta». E Sighele pode concluir: «O *eu normal*, em suma, sobrevive sempre ao *eu anormal* criado pelo sugestionador». Embora a multidão não seja a sociedade, embora a sociologia tenha de por vezes dar lugar à psicologia coletiva, a expulsão do social jamais é completa. E o fenômeno patológico que parece escapar da perspectiva do sociólogo permite, pelo contrário, por meio da psicologia das massas, sua correção e evolução sem limites.

A revolta é destinada a acabar, seria possível dizer, como a onda aparentemente incontrolável logo será normalizada, se nos descansos da psique resiste a individualidade social. Ainda que ocasionalmente arrastado na insurreição, em seu íntimo o indivíduo nunca deixará de ser *sociable*. Desse modo, Paris se reorganiza em função da multidão desagregada, a segue com sua sombra, a obriga a fugir e, atrás de cada esquina, no interior de cada portão e esconderijo, captura as psicologias individuais e as traz para a evolução orgânica da sociedade.

9. «Os operários», disse o socialista revolucionário Hubert Lagardelle, «compreendem perfeitamente que os burgueses defendam a pátria, mas se consideram, por sua vez, fora da pátria. Essa convicção pode nos escandalizar, mas é um fato.»

«Todas as doenças», respondeu sorrindo Durkheim, «são fatos.»

Normal ou patológico, todo «fato» responde, no entanto, a uma dinâmica complexa. É certo que existe o sujeito que obedece a um sistema normal de representações coletivas: sua normalidade é de todo social e (como a patologia correspondente) diz respeito justamente à sociologia. Mas o caráter social do patológico não é uma regra ou um postulado. Alguns sujeitos de fato são doentes, ou melhor, anormais, justamente porque não conseguem atingir o nível partilhado das representações. *La conscience morbide* é o título escolhido em 1914 por Charles Blondel, e é o nome dessa impossibilidade totalmente subjetiva, dessa penosa incapacidade de qualquer partilha social: a doença, como mostra o estudo das visões e das atitudes delirantes, remonta, no fundo, a uma separação, a uma perda específica, ao fim do contrato entre o indivíduo e seu grupo ou *milieu*. Nos anos 1920, enquanto Marcel Mauss confere uma nova luz às teses de Durkheim e elabora a noção de «fato social total», o psiquiatra Blondel lê Bergson, William James e, sobretudo, Lévy-Bruhl; seguindo a teoria das representações coletivas, ele descobre o planeta da *conscience totale* e suas duas faces: a luminosa, na qual se reúnem os elementos comuns, «exprimíveis em termos definidos pela experiência coletiva e traduzíveis pela coletividade em atos e regras»; e a outra, escura e insondável, das sensações internas, da «experiência eternamente individual», da vida sem palavras que flutua com seus estranhos não fatos entre a intimidade corpórea e o estágio «psicológico puro». Para que exista uma consciência normal, é preciso que haja, segundo Blondel, uma espécie de «decantação» no centro da «consciência total»: o conjunto das representações comuns deve emergir e prevalecer sobre o das sensações internas, sobre a *masse cénesthésique* que assim pode se depositar no subconsciente. Desse modo, o aspecto puramente psicológico é limitado, e traduzido nas representações coletivas; então, apenas a vida psíquica supera as barreiras impenetráveis da individualidade e faz sua entrada legítima, exprime-se e desenvolve-se no *milieu social*.

Se, no entanto, o delicado mecanismo sofre uma interrupção, se algo perturba ou impede o processo de decantação, a *conscience claire* é diretamente investida pelas componentes *inaccoutumées* da psique, *anormalement irréductibles* à socialidade do mundo e da linguagem. Desse modo, é a doença mental que irá se manifestar, com sua desordem sofrida e o barulho já sem oposição de suas vozes enigmáticas. É certo que o sujeito não perdeu de repente a faculdade de falar, mas a língua, fato social por excelência, já não tem poder sobre sua condição. Portanto, ele se debate e claudica: o incomunicável acaricia, toca nele a linguagem, dando lugar ao incongruente. É o sinal, diz Blondel, de uma «autêntica anarquia psíquica, de uma autêntica revolta da consciência individual contra as disposições coletivas».

10. Aqui aparece a palavra «anarquia». Claro, não por acaso, mas com qual significado? Dentre mil exemplos, apenas dois: em seu *Suggestion und Hypnotismus in der Völkerpsychologie* (1904), o grande etnólogo de Zurique Otto Stoll entra em polêmica com o Lombroso do *Uomo delinquente* e interpreta a ação anárquica como resultado de uma forma alucinatória aguda. Quem faz um atentado com dinamite não é, para Stoll, um criminoso nato. Sujeito típico da sugestão política de massa, ele é sobretudo um jovem qualquer, que, no entanto, é vítima de uma crise temporária e irreprimível. Levado «pelos santos libertários ou pelos profetas do socialismo», ele rapidamente passará do estado de excitação febril ao «êxtase homicida» (*Mordekstase*), desviando tragicamente, num gesto conclusivo, as visões da doutrina, os brilhantes fantasmas da propaganda. Também a força hipnótica que guia sua mão na verdade provém de uma ilusão. Uma onda após a outra, e por trás da sugestão está uma sugestão mais antiga e potente.

Em 1909, Otto Rank publica seu estudo sobre o mito do nascimento do herói (*Der Mythus von der Geburt des Helden*). Esse famoso texto, que acolhe algumas páginas de Freud, termina com uma alusão à figura antissocial por excelência, justamente «o anarquista». Rank observa que até mesmo o regicida poderia ser salvo das penas mais severas caso sua afinidade com o herói dos mitos fosse reconhecida, isto é, o conflito psicológico que segundo consideráveis constantes toda mitologia heroica encena; seria possível retirar esse homem do patíbulo, se fosse reconhecido que seu «perfil psicológico [...] é constituído pelo deslocamento do ódio em relação ao pai para a pessoa do rei», e que, na realidade, ele «matou uma pessoa diferente daquela que pensava matar».

Blondel está nos antípodas. O termo «anarquia» nele soa em total oposição à empreitada freudiana: «Para se tornar inteligível para nós», ele protesta, combativo, contra a psicanálise, «a turba mental perde pouco a pouco toda a aparência mórbida, se não em suas consequências, ao menos, e isso é o essencial, em seu mecanismo.» Se o *psychologique pur* pode se afirmar como tal, é justamente porque escapa de qualquer interpretação. Desse modo, a atenção do estudioso deve se deslocar dessa primeira sedimentação para um nível intermediário, um pouco superior mas ainda não sociológico, para o «centro» da consciência total. E se Sighele via na psique individual uma última defesa contra a sugestão, um resíduo inalienável do social, esse resto aparente esconde para Blondel um dispositivo real. Para ele, é aqui que tudo se joga. A ponto de a própria esfera dos «fatos sociais» corresponder, em seu esquema, ao justo funcionamento da consciência. Com efeito, para poder jogar em seu interior a oposição já sociológica do são e do doentio, o próprio social tinha de se constituir como normal. É assim que acontece quando a «decantação» é bem-sucedida: dessa forma, o indivíduo é normal e ao mesmo tempo social, e o social torna-se, nele, normal.

E, se o sujeito que não obedece a um sistema de representações coletivas mostra-se ao mesmo tempo anormal, associal e anárquico, não será por causa de um antigo conflito recalcado nem por certo hipnotismo misterioso, mas porque a função do ilimitado opera agora no centro da consciência.

11. *Les foules ne sont pas seulement crédules, elles sont folles.* Ausência absoluta de moderação, intolerância, hipertrofia do orgulho, oscilações contínuas entre os extremos da excitação e da depressão, do heroísmo furioso e da inanidade em razão do pânico, são essas — escreve Gabriel Tarde — as características comuns dos alienados e das multidões. Assim como os primeiros, também estas sofrem de alucinações. Disso o lembra bem o amado Taine, numa página da *Révolution* que Tarde retoma em seu escrito sobre *Le Public et la foule* (1898). No final de julho de 1789, sob o impulso da excitação geral, uma voz se difunde no Angoumois, no Périgord, em Auvergne: «Estão chegando dez mil, vinte mil assaltantes; foram avistados, eis lá embaixo, no horizonte, a poeira que levantam, vêm acabando com tudo». E então todos fogem, abandonam apressadamente suas casas, e passam a noite escondidos e amedrontados nos bosques. Até que o amanhecer revela que o perigo era apenas imaginário — um sonho ruim de olhos abertos: agora tudo já é passado, e os homens podem retornar tranquilos para suas vilas. Mas justamente nesse momento explode o delírio coletivo. Aquele doentio sentimento de angústia, o pânico da multidão assassina que tinha reunido e posto em fuga uma multidão indefesa, era de algum modo justificado, exigia uma satisfação: «Se o perigo não vem dos assaltantes», sugere assim uma voz, «vem de outro lado». *D'ailleurs*, isto é, explica Tarde, de presumidos conspiradores. E assim os inermes fugitivos transformam-se em implacáveis caçadores, a paralisia advinda do pânico passa

a ser exaltação homicida; e o perigoso fantástico dá lugar a perseguições até que muito reais.

Para que essa inversão possa ser produzida, é preciso, todavia, surgir uma diferença, alguém deve se impor sobre o grupo, uma ideia sobre as outras. É assim que as multidões se animam... Incidentalmente, então, sob a forma de silogismo elementar, surge aí uma ideia que em suas diversas versões se tornará canônica. Um pouco apagada, mas de maneira alguma desmentida pelo primeiro rumor, agora é redescoberta a proposição *le peril vient*. As primeiras luzes não podiam dissolvê-la, a evidência não pode contradizê-la, dado que ela não pede que algo se mostre, mas indica de forma tenaz o invisível; ensina que o verdadeiro perigo jamais deixa de chegar, e assim será o mais vago, apenas aquele presumido.

É uma ideia discreta. Mas o essencial é que um grupo de *menés* se aproprie dela, seguindo o seu *meneur*. Isso porque a multidão sempre *deve* ter um chefe, mesmo que ele às vezes esteja escondido. Certamente «também acontece, e muitas vezes, que uma multidão posta em movimento por um bando de exaltados os ultrapasse e os reabsorva, e, tornada acéfala, surja privada de condutores. A verdade é que eles já não existem, *como a massa levedada já não tem levedura*». As multidões sem chefe também não existiriam, uma vez que nenhum seguidor «inventa nada», uma vez que são privadas de desenvolvimentos, ao mesmo tempo estúpidas e caducas. Não é por acaso — agora parece evidente — que tenham se mostrado tão sensíveis às concepções baseadas no destino e no domínio dos elementos. Totalmente efêmeras, elas estão submetidas ao fascínio de uma existência eterna, à qual, de forma mais ou menos aberta, sempre apelarão. Assim, não é a história a agir nelas, mas a pura e mítica «natureza». Também Tarde havia exposto isso, distinguindo essas multidões das formações sociais mais evoluídas:

> A multidão apresenta algo de animal. Não seria talvez um feixe de contágios psíquicos produzidos essencialmente por contatos físicos? Mas nenhuma outra comunicação de mente a mente, de alma a alma, tem como condição necessária a proximidade dos corpos [...]. A multidão, agrupamento mais natural, é a mais submetida às forças da natureza; depende da chuva ou do tempo bom, do calor ou do frio; é mais frequente no verão do que no inverno. Um raio de sol a junta, um revés a dispersa.

Assim, reconhecemos uma citação implícita de Canetti: «A chuva é a massa no instante de sua descarga, e por isso caracteriza também sua desintegração. As nuvens das quais se originam desaparecem com a chuva; as gotas caem porque já não podem permanecer juntas e não se sabe se elas posteriormente voltarão a se reunir nem como farão isso».

Mas de onde vem esse caráter transitório? Poderia acontecer, por hipótese, que nos motins, nas revoltas da multidão, se represente outra figura, ainda que já em forma extremada e farsesca. Poderemos pensar esse caráter recordando palavras bem conhecidas: «As revoluções burguesas [...], como as do século XVIII, passam tempestuosamente de sucesso em sucesso, os homens e as coisas parecem iluminados por chamas, o êxtase é o estado de espírito diário. Mas têm uma vida efêmera, e logo atingem o ponto culminante: e então uma longa náusea se apodera da sociedade».

12. Paris, entretanto, se reorganiza.

> Pela primeira vez na Escola francesa, Marcel Poëte se dedicou a mostrar que a Cidade é um ser vivo que possui uma alma coletiva [...] e um comportamento próprio. Conhecendo agora esse ser vivo como uma unidade localizada (ainda que em movimento), em contínuas inter-relações com as outras unidades sociais, localizadas ou não, diferentes em volume e densidade, que constelam a extensão geográfica, é possível afirmar, como Durkheim, que essa unidade é composta de um *ser individual*, que mergulha suas raízes no espaço urbano, e de um *ser social* constantemente imerso na civilização geral.

«De suas trocas mútuas», conclui Gaston Bardet em *Problèmes d'urbanisme* (1948), «nasce o comportamento geral do ser: a cidade.»

Paris deu vida a uma visão muito própria, chamada «urbanística», em contínuo contato com as ciências que constelam o domínio social — disciplinas que surgem agora, nas palavras de Pierre Lavedan, «distintas e, todavia, solidárias entre si» (*Qu'est-ce que l'urbanisme?*, 1926).

O urbanista é o sujeito ao mesmo tempo típico e banal, atraído pela miragem constante da evolução social: «Atento ao atual destino da cidade, ele projetará este no passado, até o tempo do nascimento dela». A história urbana para ele será assim apenas o movimento da sociedade em direção a si mesma, e a lei dessa evolução coincidirá (como quer o «destino») com seu bom funcionamento. «O sentido da vida urbana em sua complexidade é para ele indispensável. Tal como o médico se informa sobre o passado de seu doente, ele deve se instruir sobre o da cidade» (Marcel Poëte, *L'Évolution des villes*, 1930).

13. «A cidade é mais do que uma simples manifestação da vida; é também uma forma da vida», diz ainda Marcel Poëte (*Paris. Son évolution créatrice*, 1937). «Baseando-se em disciplinas de início diferentes», observará Bardet, «Patrick Geddes, como biólogo, e depois Victor Deznài, como sociólogo, chegaram a conclusões semelhantes.»

Segundo Deznài, na sociologia da cidade o genitivo se torna subjetivo. Para ele, a cidade deve dotar-se de um saber social próprio, coordenando as administrações, isto é, os centros de sua «atividade intelectual». Desta faz parte a própria formação dos urbanistas: de modo que as cidades intelectualmente vivas constituirão, «em sua defesa e para o aperfeiçoamento de sua organização», suas «repartições de estudos urbanos, onde se cultivará a Ciência da Cidade, teórica e prática» (*L'Activité intellectuelle des villes*, 1936). A tarefa prevista por Deznài é assim uma espécie de reflexão contínua: a sociedade se dobra e a cidade volta-se para si mesma, ao mesmo tempo que a urbanística se constitui, modela e regula sua figura disciplinar, num movimento que depois corresponde exatamente ao avançar das multidões.

> A atividade intelectual da cidade deve [...] sobretudo levar em conta a crescente importância das *multidões* urbanas, e procurar ganhar uma influência espiritual sobre elas. É por isso que todas as atividades intelectuais das cidades deverão necessariamente ter um caráter educativo diante das grandes massas dos habitantes, os quais devem ser transformados

> em cidadãos conscientes da alta qualidade urbana, dotados de uma cultura geral, cheios de profundo sentido social [...]. A atual luta pelo equilíbrio interno e pela segurança urbana só poderá ter um final feliz com as armas da inteligência, por um espírito urbano consciente.

Assim, se todo ideal de governo devia ceder perante o da sociedade, também o Estado central não podia permanecer como o paradigma da nova organização política: era demasiado heterogêneo, enquanto o ilimitado requer uma técnica específica, uma técnica que, mantendo-se rigorosamente no primado sociológico, venha da cidade e a ela volte continuamente. «Está por se realizar, e é possível esperar por isso, aquela evolução já visível e irresistível que conduz à *urbanização completa do Estado*. Este», conclui Deznài, «será um organismo ao mesmo tempo econômico, construtivo e pacífico, dirigido pela razão e chamado apenas para coordenar a atividade dos elementos urbanos que o compõem.»

Assim, a sociedade avança também na disciplina, permanece indiferente aos limites restritos e exige, sempre em nome do ilimitado, a encarnação mais direta: o homem de Estado ou o Estado *tout court*, o Estado ou o homem *tout court*, será médico, ou melhor, sociólogo, ou melhor ainda, urbanista democrático.

Assim Paris se reorganiza ao individualizar a própria multidão: dispersando-se e, portanto, disseminando-se nos subúrbios e remodelando-se a partir dessa disseminação, plasmando, de acordo com um efeito de retorno, também sua forma concentrada a partir daquela, obtida por separação espacial, das células isoladas nos subúrbios de massa. A urbanística age sobre as funções naturais da multidão, e, uma vez que para esta assegura as necessidades em qualquer condição, num só gesto a dissipa e a mantém, a protege e a difunde. Por isso, seu ideal é sempre e em todos os lugares — com as palavras de Lewis Mumford, *The City in History* (1961) — uma «obscura vida encapsulada». É também por isso que os indivíduos que, finalmente dotados de «profundo sentido social», aceitam de bom grado essa existência «poderiam ficar trancados num foguete lançado no espaço». É com eles que surge uma nova forma de vida; é aqui, na urbanização ilimitada, que «encontramos *a multidão solitária*».

14. «Ninguém hoje acreditará em suas profecias»: são essas as palavras com que o editor Hetzel refuta *Paris au* XX*e siècle* de Jules Verne. Era o final de 1863. Lendo apenas o primeiro capítulo sobre a Société Générale de Crédit Instructionnel, o organismo — misto de banco e de empresa — que gere a instrução ridiculamente tecnicizada nessa capital em 1960, hoje seria mais fácil observar como Hetzel foi um péssimo profeta, ou quem Hetzel pensava representar, uma vez que a visão de Verne tratava da época seguinte com os contornos mais nítidos e seu humor capturava em tal época o lado grotesco e inconsciente. Mas o erro de Hetzel não foi tanto esse. Hetzel se enganava sobretudo porque o princípio, a grandeza do romance, *não é* de forma alguma a profecia.

Lembremos o momento, tão solene quanto cômico, da grande cerimônia anual com que a Société premia os estudantes mais notáveis. É o discurso do Directeur des Sciences Appliquées: ele fala com miserável desprezo da Paris de 1860 e da pequena França do século XIX, enumerando com força retórica, por outro lado, os mais recentes prodígios da técnica, a rapidez das comunicações e dos transportes e a energia distribuída aos domicílios; nisso, «ele foi sublime, lírico, ditirâmbico, em suma, absolutamente insuportável, e injusto ao esquecer que as maravilhas do século XX já germinavam nos projetos do século XIX». O que com ironia Verne aí expõe e reivindica é justamente o princípio gerador do romance. Não se trata de uma profecia mais ou menos crível ou bem-sucedida, mas, mais uma vez, do ilimitado. A condição de possibilidade do discurso da ficção científica, a possibilidade do romance de ficção científica em 1860, consiste no fato de que a capital do século XIX não conhece limites: nada escapa hoje ou escapará amanhã, e a Paris de 1860, com seus *boulevards*, contém não só o passado, mas também o esquema previsível das estações que vêm. O *être urbain* chamado Paris não é apenas «fato de passado», como dizia Marcel Poëte, não só «coloca todo seu passado, em bloco, a serviço da criação do presente», mas também seu futuro. É certo que Gertrude Stein observou que em Verne tudo é «terrivelmente real, terrivelmente próximo, mas ainda não presente» (*Portraits and Repetition*, 1935). No entanto, tal frase revela justamente uma impaciência e chama tudo para si: terrível é aí o fato de que o «ainda não» seja real e próximo.

Para Verne há o romance, há a aventura do jovem Michel Dufrénoy pelas grandes ruas iluminadas e pelos velozes metrôs, há os duzentos instrumentos que soam em uníssono no *concert électrique* e uma descarga elétrica substituiu a velha guilhotina, há tudo isso uma vez que não há futuro que possa recusar-se a um presente iluminado.

Ficção científica e progressismo nascem ao mesmo tempo. Todavia, a primeira apreende, sob os restos da ficção, o princípio real do presente, que para o segundo, mais sério, permanece ignorado.

Isso porque o ilimitado é um sonho. E o fato de o sonho governar, a ponto de a narrativa fantástica parecer justa profecia, não contradiz seu caráter de sonho.

Entre dezembro de 1960 e janeiro de 1961, Antonio Delfini tem sua intuição: a Chartreuse imaginada por Stendhal é a Abadia de Nonantola; os Estados de Parma são os Estados da família Estensi; o Pó é o Pó e os Estados austríacos são os Estados austríacos ou pontifícios, e a mansão da Sanseverina é o Cataio nas Colinas Euganei, «onde o duque de Modena mantém, por quase dois meses, Ciro Menotti acorrentado»: já que Fabrizio Del Dongo é apenas Menotti e Clelia Conti é Rosa Giavarina Rodeschein e ao mesmo tempo Moreali, mulher de Menotti, e os campos da Steccata são os da igreja do Carmo em Modena. Quando Delfini escreve *Modena 1831. Città della Chartreuse*, descobre que, no ilimitado, Modena pode se tornar Parma, como poderia se tornar Nova York, mas deve se tornar Parma e por 130 anos ficar escondida no subsolo de Parma, e ao mesmo tempo contida na aura do nome Parma. «*Parme* seria o resultado conclusivo do sonho. De Parma [...] não retiraremos o som da palavra, que é completamente diferente do som da palavra Modena.» Mas o ilimitado é um sonho como «*La Chartreuse* é o sonho de Moreali, sonhado de novo e transcrito por Stendhal», uma vez que «Stendhal sonha que sonha por ela. E os sonhos se transferem e se reúnem no lugar e nos lugares que a realidade teria desejado». Por isso, Delfini descobre em Roma, em 1960, outro sonho do século XIX no sonho de Stendhal, como o sonho de Stendhal no sonho do ilimitado: descobre Modena e os movimentos carbonários e Menotti e a ignomínia do duque e, no fundo ilimitado pintado num quadro, as leves e irredutíveis dobras que libertam a realidade como o sonho no sonho e, na

cidade, a revolta pelas cicatrizes abertas de seu fracasso.

15. No sonho do mundo que sonha ele mesmo há sempre a imensa bondade do mundo ou a bondade da multidão como pano de fundo. Em 1913, um livro intitulado *Crowds. A Moving--Picture of Democracy* se destaca nas vitrines, é um best-seller das livrarias nova-iorquinas. O pregador da Nova Inglaterra Gerald Stanley Lee deixou o velho púlpito para se converter ao otimismo do progresso, e agora transfere sua fé para capítulos com títulos sonoros (*Letting the Crowd be Good*; *Letting the Crowd be Beautiful*; *Crowd and Heroes*): «Conheci e encarei o Medo da Multidão. Eu sei, de modo obstinado, recôndito e silencioso, que não é um medo verdadeiro». E a turba eufórica dos pequenos negociantes admira e segue de página em página sua visão gloriosa: apaga mas também reaviva suas aspirações em vagos reflexos, e finalmente se reconhece dotada de «um novo e extraordinário sentido do invisível», da mais acentuada «sensibilidade pelo que está acontecendo no mundo». Segundo Lee, o poder imaginativo das multidões, ou seja, o trabalho de uma imensa massa de fervorosas imaginações, captura e torna presente o futuro: tudo agora já é aqui, e por isso espantosamente real, «o século que vem torna-se uma parte orgânica da vida cotidiana de cada um». Empreitada imensa, mágica expectativa ou sabedoria performativa do sonho coletivo *that makes things happen*: todas as invenções que virão se reúnem assim na invenção atual de um «novo tipo de humanidade», grupos de criativos capazes de se apegar às próprias fantasias, de produzir o bem-estar a partir de uma matéria de puríssimo desejo. Sim, como contraponto ao medo, a esperança é agora «a única

maneira de perceber as coisas verdadeiras». Se o futuro é de fato o bem ou a possibilidade como tal, todo o bem possível se torna, na imaginação de todos, real: em quem espera, o hoje se converte no amanhã, o impossível no possível, enquanto a bondade se difunde e se afirma. «Vi que ser bom é a grande aventura do mundo, a imensa, cotidiana e apaixonada experiência moral do coração humano — que esta é a empreitada de toda a humanidade, que a bondade é um processo irrefreável da multidão, e nada pode detê-la.» Assim se conclui o capítulo intitulado *Goodness as a Crowd-Process*. É possível ver bem como, segundo desenvolvimentos à primeira vista curiosos, a ideia de bondade das multidões desencadeia, na visão de Lee e em outras ilusões mais próximas, o processo de produção da multidão. Assim, será possível ver que, sonhando a própria bondade em palavras redundantes, o mundo estava havia muito tempo sonhando a multidão, que muito antes de agora e ainda antes de 1913 o mundo possuía no nome comum democracia o sonho de uma multidão implacável, sonho do qual — como se diz — necessita apenas possuir a consciência.

16. Numa nota do ensaio *Das Kunstwerk im Zeitalter seiner technischen Reproduzierbarkeit* (1936), Walter Benjamin escreveu:

> A massa impenetrável e compacta, objeto da «psicologia das massas» para Le Bon e outros, é a pequeno-burguesa. A pequena burguesia não é uma classe; na realidade, é apenas uma massa, e tanto mais compacta quanto maior é a pressão à qual é exposta, entre as duas classes inimigas da burguesia e do proletariado. *Nesta* massa é de fato determinante o momento reativo, sobre o qual se fala na psicologia social [...].

Assim, as manifestações da massa compacta revelam sempre, em todo caso, um traço de pânico — qual seja, que nelas se exprima o entusiasmo bélico, o ódio contra os judeus ou o instinto de autoconservação.

A nota — Adorno a definiu como a coisa mais profunda e poderosa que tinha lido, no campo da teoria política, depois de *Estado e Revolução* — contém para nós uma indicação fundamental. Pois é ainda essa massa compacta que a sociedade normaliza. Apropriar-se novamente da cidade significará assim, no sentido sugerido por Benjamin, isolar e distinguir da massa a classe revolucionária, que «deixa de estar à mercê de simples reações». A distinção não é puramente teórica: nela está a possibilidade de um «relaxamento» (*Auflockerung*) dos antagonismos capaz de tornar inativo o dispositivo social. O modelo desse relaxamento tinha sido apresentado por Marx nas páginas finais de *Miséria da Filosofia* (1847), pelas quais Benjamin (opondo a solidariedade proletária ao comportamento reativo da pequena burguesia) parece ter sido inspirado: a constituição da massa dos trabalhadores em classe solidária é para Marx a «verdadeira guerra civil» em que «se reúnem os elementos necessários para uma batalha iminente».

A sociedade em que (ainda nas palavras de Benjamin) «não estarão presentes as condições objetivas nem as subjetivas para a formação das multidões» será aquela, já não ilimitada, na qual também o fato sociológico por excelência, que dita as regras da normalização, deixa de ser um «fato». Só então, ao final da batalha, poderemos verdadeiramente nos apropriar da cidade, quando a cidade já não for a mesma.

17. A nota de Benjamin começa assim:

> A consciência de classe proletária [*Das proletarische Klassenbewusstsein*], que é a mais estudada, modifica radicalmente a estrutura da massa proletária. O proletariado dotado de consciência de classe forma uma massa compacta apenas quando visto de fora, na representação de seus opressores. No instante em que inicia sua luta de libertação, sua aparente massa compacta, na verdade, já relaxou. Ela deixa de ser dominada pela simples reação; passa à ação. O relaxamento da massa proletária é obra da solidariedade [*Solidarität*]. Na solidariedade proletária da luta de classes é suprimida a morta e adialética contraposição entre indivíduo e massa; para o camarada ela não existe. Assim, se a massa é decisiva também para o guia revolucionário, sua maior constribuição não consiste em se deixar levar para trás das massas, mas em sempre se deixar reabsorver nelas, para sempre ser, para a massa, um dos cem mil.

Como em Freud — *Massenpsychologie und Ich-Analyse* é de 1921 —, «massa» (*Masse*) quer dizer aqui: «multidão»; como Freud, de fato, também Benjamin — numa variante preparatória da nota (Ms 988) — cita o título de Le Bon, *La Psychologie des foules*, na versão alemã de Rudolf Fisler: *Psychologie der Massen*. É certo que ao longo do ensaio Freud distingue também *Masse*, no sentido de massa artificial, organizada e estável (exército, Igreja), de *Haufen*, que equivale ao *crowd* inglês e indica a multidão como fenômeno transitório, no sentido de Sighele e Le Bon. Ora, se essa distinção não tem no texto de Freud um valor fundamental, no de Benjamin nem aparece. Aí, no entanto, *Masse* não quer dizer apenas «multidão» (*Menge*, ou também *Masse als solche*, «massa como tal», em *Passagenwerk*); pode, pelo contrário, estender o próprio domínio abrangendo dois significados diferentes e opostos: pode comprimir-se e se tornar multidão perigosa pequeno-burguesa (*kompakte Masse*) ou pode relaxar na classe revolucionária. *Il y a toujours une carte variable des masses sous la réproduction des classes. Masse* já é para Benjamin um termo dinâmico.

Tão óbvia quanto é a referência, desde as palavras iniciais (*Das proletarische Klassenbewusstsein*), a Lukács. *Geschichte und Klassenbewusstsein* (1923) foi um livro bastante importante também para Benjamin, que o leu aconselhado por Ernst Bloch. Aí se afirma: «A consciência de classe não é a consciência psicológica de proletários específicos ou a consciência (entendida em termos de psicologia de massa) de sua totalidade, mas *o sentido que se tornou consciente da situação histórica da classe*». É justamente essa consciência da situação histórica que opera, para Benjamin, uma transformação da massa, um relaxamento. Mas esse relaxamento é, ao mesmo tempo, obra da solidariedade. Consciência de classe proletária e solidariedade são indistinguíveis. Por isso, a solidariedade não é nada daquilo que poderia parecer, um bom sentimento cristão. É uma modificação estrutural, interior à massa, que, transformando o sociológico em político, o proletariado em classe revolucionária, só em aparência deixa a massa como tal, deixa que a massa se mostre compacta apenas ao observador externo, ao não solidário, ao opressor. Onde existe solidariedade — uma solidariedade que não pode vir do exterior, que não pode se esperar de ninguém —, ou quando se rompem os vínculos do antagonismo, existe consciência de classe; e vice-versa. Quando não há solidariedade e consciência, não existe classe, existe só a massa pequeno-burguesa, com sua boa psicologia.

Resenhando, em 1932, o drama brechtiano *Die Mutter*, Benjamin tinha notado como a mãe passa aqui do dar ajuda ao filho, «da primeira forma de ajuda», «à última — a solidariedade da classe operária». E a respeito desse exemplo de práxis revolucionária, tinha escrito: «Corresponde à natureza do teatro épico que a oposição adialética entre forma e conteúdo da consciência (que fazia com que a personagem dramática pudesse se referir a seu agir apenas sob a forma de reflexão) seja substituída pela oposição dialética entre teoria e práxis (que faz com que a ação, em seus pontos de ruptura, abra os olhos para a teoria)».

A contraposição dialética entre indivíduo e massa surge aí como contraposição entre forma e conteúdo da consciência.

Se o domínio dessas duas maneiras de contraste é a massa, não é a partir de uma reflexão que tem origem a teoria da classe, mas da ação, e a teoria é apenas um estado dialético da práxis. Assim, a classe não é a massa compacta, da mesma forma como a teoria da classe revolucionária não é a psicologia. O verdadeiro objeto da psicologia social é só a multidão perigosa; aqui, de fato, seria possível dizer com uma expressão «frankfurtiana», «a irracionalidade do objeto de observação se funde com a irracionalidade do observador». A teoria da classe revolucionária é, pelo contrário, ela própria revolucionária: liberta-se da ação e a liberta por sua vez.

18. A consciência de classe não tem conteúdos e não é reflexiva. O que quer dizer: «não é a consciência psicológica dos proletários individualmente». Como Benjamin podia entender

essas palavras de Lukács? A consciência revolucionária também

não podia ser para ele uma consciência do eu.

A falsa distinção entre forma e conteúdo de fato depende da outra, que separa e depois reúne na consciência individual sujeito e objeto do conhecimento, tal como separa e reúne conhecimento e experiência. «Mas essa ideia», escrevera Benjamin já em 1918 (*Über das Programm der Kommenden*),

> tem caráter mitológico, e seu teor de verdade tem o mesmo valor que possui qualquer outra mitologia gnoseológica. Sabemos de povos naturais do estágio chamado pré-animístico que se identificam com animais sagrados e com plantas, que se chamam como eles. Sabemos de loucos que em parte se identificam também eles com objetos de sua percepção [...], sabemos de doentes que não atribuem as sensações de seu corpo a si próprios, mas a outros seres [...]. Ora, a ideia do conhecimento humano sensível (e intelectual) concebida seja em nossa época seja na época kantiana e pré-kantiana é uma mitologia tal como as referidas [...]. O homem que conhece, a consciência empírica cognoscente, é uma espécie da consciência delirante. Isso significa apenas e somente que no interior da consciência empírica as diferenças entre seus vários modos são só diferenças de grau.

Muitos anos depois, Benjamin retoma essas páginas juvenis. No fragmento K I, 4 de *Passagenwerk*, ele descreve o século XIX como um «período» (*Zeitraum*) que também é um «tempo do sonho» (*Zeit-Traum*) coletivo. O mergulho da consciência coletiva no mundo onírico corresponde aí justamente à consolidação da consciência individual por meio da reflexão. No fragmento seguinte, esse dispositivo epocal é reportado à dinâmica da consciência empírica que, com uma alusão a Freud, é agora descrita em termos muito próximos aos de 1918: «É um dos pressupostos implícitos da psicanálise o de que a nítida oposição entre sono e vigília não tem nenhuma validade no plano empírico das formas de consciência dos homens, e se resolve antes numa infinita variedade de estados concretos de consciência, condicionados pelos mais diversos graus intermediários». No moderno contexto mitológico, a reflexão com que a consciência se afirma no plano individual representa um grau dela mesma, infinita gama que no plano coletivo a consciência delirante atravessa sonhando.

> É óbvio que grande parte daquilo que para o indivíduo é exterior pertence, para o coletivo, à sua interioridade: arquiteturas, moda, aliás, até mesmo o tempo atmosférico são, no interior do coletivo, aquilo que os processos orgânicos, os sintomas da doença ou da saúde, são no interior do indivíduo. E eles são, ainda que permaneçam em sua inconsciência e indistinta figura de sonhos, verdadeiros processos naturais, do mesmo modo como a digestão, a respiração etc.

Esta última frase soa como uma inversão (entre exterior e interior, entre individual e coletivo) daquela que no texto de juventude definia a consciência delirante: «sabemos de doentes que não atribuem as sensações de seu corpo a si próprios, mas a outros seres». Todo fenômeno propriamente exterior ao indivíduo surge agora como interior ao corpo sonhador de Paris, e o ego consciente com suas reflexões, suas experiências e seus conteúdos psicológicos surge como um refúgio cada vez mais escuro e perdido da grande massa adormecida.

Introduzindo o conceito de consciência intencional, como «referência a um conteúdo», «direção a um objeto» (*Richtung auf ein Objekt*), Franz Brentano adotou o termo «fusão», especificando assim que no ato psíquico os polos do objeto e do sujeito chegam a se contrair num «entrelaçamento particular» (*eigentümliche Verwebung*): essa relação estreitíssima dá testemunho do fato de que eles não se neutralizam, nunca se tornam indistintos. Benjamin — que em *Ursprung des deutschen Trauerspiels* (1928) falará de verdade como «morte da *intentio*» — em 1918 escrevia: «toda experiência autêntica se funda na consciência gnoseológica pura (transcendental) — se ainda podemos usar o termo 'consciência' uma vez que seja privado de todo elemento subjetivo [...]. A gnoseologia futura tem a missão de encontrar, para o conhecimento, a esfera da neutralidade total [*die Sphäre totaler Neutralität*] em relação aos conceitos de 'objeto' e 'sujeito'».

Se «a reforma da consciência», segundo a carta de Marx a Ruge (1843), «consiste apenas no fato de que o mundo desperta [...] dos sonhos para si mesmo», ela deve conduzir a um limiar de neutralidade também as falsas oposições entre interior e exterior, individual e coletivo.

19. «A exposição materialista da história conduz o passado a colocar o presente numa situação crítica.» É em fórmulas como esta (da seção N de *Passagenwerk*) que o programa formulado pelo jovem Benjamin encontrará sua verdadeira atuação. O termo «presente» não designa aí a posição a partir da qual o «sujeito» exerce um domínio mais ou menos destacado

sobre o passado, objeto remoto e, portanto, isolado. Por outro lado, tampouco o passado conhece desse modo o presente. Não se trata de uma simples inversão, mas da inexistência de qualquer relação, isto é, de qualquer continuidade temporal. Nenhum *continuum* — motivo bem conhecido. O que se torna «agora» (*jetzt*) «cognoscível» (*erkennbar*) não o era antes, como não o será nunca mais. Apenas nesse «agora» sujeito e objeto se tornam finalmente neutros e, nos nomes de «constelação» (*Konstellation*) e «imagem dialética» (*dialektisches Bild*), para Benjamin se dá a polarização de uma identidade em sua «pré e pós-história» (*Vor- und Nachgeschichte*). Polarização — já não «entrelaçamento» — expressa de forma distinta na fórmula: «o sujeito do conhecimento histórico é a própria classe que luta» (*Über den Begriff der Geschichte*, 1942, 12ª tese).

A nota sobre a classe pode ser interpretada como documento dessa «exposição materialista». De fato, seu caráter mais genuíno transparece não tanto no uso de termos como «consciência de classe», «solidariedade», «proletariado», mas especialmente no modo como Benjamin adota a posição dos velhos teóricos burgueses. O ponto de vista deles não lhe parece apenas ilusório. Pelo contrário, a palavra «multidão» (no sentido próprio de *foule hétérogène*), proveniente do passado, de Le Bon, de Tarde, chega ao presente tornando-se decalque preciso da pequena burguesia. «A massa, impenetrável e compacta [...], objeto da [...] 'psicologia das massas', é a pequeno-burguesa»: não um fenômeno imaginário, que existe só na fantasia de psicólogos, criminologistas ou médicos versados na sociologia, mas o produto de uma necessidade histórica, justamente como a própria «psicologia das massas». Na multidão, Benjamin não reconhece assim o caráter de uma época (*l'ère des foules*, escrevia

Le Bon), nem uma constante antropológica, mas sim a expressão das tensões sociais quando chegam a certo grau de intensidade. A multidão causa medo, mas também se mostra no medo. Ainda é preciso lembrar o que disse Marx: é «dos sonhos sobre si próprio» que o mundo deve ser despertado. Assim, a classe que Le Bon chamava *foule homogène* — reunida em torno de seus próprios interesses, educada segundo os mesmos usos — deve dar lugar à outra, que põe fim a todo temor, bem como a todas as multidões. «A própria classe que luta» emerge da multidão numa espécie de «autoesclarecimento» (*Selbstverständigung*).

20. «O que começou com o pai realiza-se na massa», diz Freud em *Das Unbehagen in der Kultur* (1929). Na abertura de *Massenpsychologie und Ich-Analyse*, ele havia escrito que «a contraposição entre psicologia individual e psicologia social ou das massas, que à primeira vista pode nos parecer muito importante, submetida a uma consideração mais atenta, perde grande parte de sua rigidez». Benjamin recusa o significado epocal do conceito de multidão, que ele circunscreve tornando-o «inutilizável para os fins do fascismo»; com um gesto em alguns aspectos afim, Freud rejeita, pelo contrário, a ideia de que a pulsão social e a pulsão gregária, as noções basilares da teoria da multidão, sejam originárias e não passíveis de serem decompostas. Justamente por isso, entretanto, ele reconduz a psicologia da massa à psicologia individual, que, inseparável da dinâmica das relações familiares, surge a seus olhos, «desde o início, como psicologia social». A «sugestão» de Le Bon ou a «imitação» de Tarde, bem como a força mágica do «prestígio», são substituídas, assim, pela cisão entre Eu e consciência moral (degrau no interior do Eu, ideal do Eu) e — *dis que c'est*

Oedipe, sinon t'auras une gifle! — pela identificação com o pai como forma originária do laço emotivo, portanto, a teoria das pulsões libidinais inibidas em sua finalidade, a qual permite a Freud passar da descrição da multidão à das massas artificiais duráveis e organizadas. Tudo isso é bem conhecido. E um dos aspectos mais radicais do ensaio freudiano é justamente o fato de o rancor e a inveja surgirem por trás do laço de identificação, assim como o «caráter perturbador, constritivo, da formação coletiva», o aspecto mais inquietante da horda, mostra-se por trás das organizações sociais mais estáveis. É evidente que não podemos deixar de pensar na data do ensaio, na guerra e no fim da interpretação hedonista das pulsões, e também em *Jenseits des Lustprinzips*. Em outros termos, só podemos pensar nas palavras de Foucault (*Maladie mentale et psychologie*, 1954):

> As relações sociais, determinadas por uma cultura sob as formas da concorrência, da exploração, da rivalidade dos grupos ou das lutas de classe, oferecem ao indivíduo uma consciência da condição humana em geral enquanto constantemente habitada pela contradição [...]. Não é por acaso que Freud, refletindo sobre as neuroses de guerra e para duplicar o instinto de vida em que se exprimia ainda o velho otimismo europeu do século XVIII, descobriu um instinto de morte que, pela primeira vez, introduzia na psicologia a potência do negativo. Freud queria explicar a guerra; mas é a guerra que sonha consigo mesma nesse redemoinho do pensamento freudiano.

De novo, é possível reconhecer, no fim dessa página já muito marxiana de Foucault, a passagem da carta a Ruge. Acrescente-se a isso apenas uma coisa: no ensaio de 1921, em que

Freud — como sublinhou Paul Roazen — mantém seu modelo

liberal clássico, é o dispositivo social fundado sobre as relações de exploração, sobre a rivalidade e sobre o antagonismo que sonha consigo mesmo como identificação de massa e sobrevivência da horda primordial. Já Erich Fromm tinha em seu tempo criticado como mera «analogia» (*Analogie*) ou «semelhança» (*Ähnlichkeit*) a solução freudiana da relação entre indivíduo e coletividade, entre natural e social. No entanto, acontece que justamente quando reconduz a forma social à economia das pulsões, Freud revela também a própria economia das pulsões como uma economia social, mostra que o entrelaçamento das ambivalências familiares se prolonga na massa quando a Igreja, o exército e a horda penetram na intimidade dos laços libidinais. A guerra e a sociedade capitalista sonham consigo mesmas na psicanálise; mas o homem poderá ser despertado também e precisamente porque a psicanálise — segundo o belo título de Otto Rank — é «um sonho que interpreta a si mesmo» (*Ein Traum, der sich selbst deutet*, 1910).

21. Uma reflexão desenvolvida ainda a partir de Lukács é o texto adorniano de 1942 *Reflexionen zur Klassentheorie*. Escrevendo a Benjamin seis anos antes, a propósito do ensaio sobre a reprodutibilidade técnica, Adorno manifestava o desejo de uma definitiva liquidação, na filosofia de seu amigo, dos temas brechtianos, como o da «consciência real dos proletários reais, que em relação aos burgueses não têm nada, mas mesmo nada, senão o interesse pela revolução; exceto essa diferença, apresentam todas as características da mutilação do caráter burguês». Seria possível se perguntar se também essa observação não estaria por sua vez ligada à aparência (isto é, à

falsa hipóstase) de uma «consciência real», por mais ineficaz, atrofiada e aburguesada que ela se revele. No final do ensaio de 1942, entretanto, Adorno se explica bastante bem, ilustrando — numa das passagens em que tende mais a marcar sua distância em relação a Benjamin — o que hoje poderíamos chamar de um processo de subjetivação: «Não devemos pensar que o cinema exerce uma influência sobre sujeitos diferentes, mas sobretudo que seu público lhe é afim, e já acredita completamente nele [...], a desumanização não é um poder exterior, uma propaganda». Ela é, pelo contrário, imanente ao sistema dos oprimidos, «que no passado ficavam fora dele por causa de sua miséria, enquanto hoje a miséria consiste no fato de que dele não podem mais sair».

Mas justamente nesse ponto, justamente quando não há nenhuma consciência real dos proletários, quando oprimidos e opressores então se confundem, funciona o dispositivo dialético adorniano:

> desse modo, a desumanização é ao mesmo tempo seu oposto. A reificação tem seu limite nos homens reificados. Eles alcançam as forças produtivas técnicas em que se ocultam as relações de produção: que perdem assim, com a totalidade do estranhamento, o terror de sua estranheza, e em breve talvez percam também seu poder. Só se as vítimas se apropriarem inteiramente dos traços da civilização dominante é que estarão em condições de retirá-la do domínio. A diferença que permanece se reduz a pura usurpação. Só em sua cega dimensão anônima a economia surge como destino: o horror da ditadura vigente quebra seu encanto. A pseudometamorfose da sociedade de classes na sociedade sem classes conseguiu assim que

os oprimidos fossem absorvidos, mas toda opressão se tornou

evidentemente supérflua. Se o dinamismo sempre foi a identidade, então seu fim, hoje, não é o fim.

Cada página de Adorno tem de ser relida a partir do célebre texto que conclui *Minima Moralia* (1951), e, ao mesmo tempo, esse aforismo deve ser relido a partir de todas as páginas adornianas: «Trata-se de estabelecer perspectivas nas quais o mundo seja desordenado, ganhe estranheza, revele suas fraturas e suas gretas, como um dia aparecerá, deformado e indigente, à luz messiânica». Em relação às *Reflexionen* de 1942, isso significa antes de tudo que é preciso evitar acreditar — como talvez tenha feito Brecht — na presença efetiva de uma consciência de classe, e sim mostrar essa categoria sob uma luz destrutiva, na pobreza e na inconsistência de seu precipitado real. É esta, diz Adorno, «a coisa mais simples de todas, uma vez que o estado atual invoca irresistivelmente esse conhecimento, ou melhor, porque a perfeita negatividade, mal se fixa no rosto, logo se converte na cifra do seu oposto». O final do texto de 1942 sobre a classe apresenta justamente essa inversão: se «o objetivo da revolução é», segundo a carta de Benjamin de 18 de março de 1936, «a supressão do medo», esta aí parece se tornar, quando «as relações de produção [...] perdem o terror de sua estranheza», a coisa «mais simples». «Mas», e os *Minima Moralia* são justamente alguns «mas», «é também o absolutamente impossível, porque pressupõe um ponto de vista subtraído, ainda que só um pouquinho, ao círculo mágico da existência».

Desse modo, o ensaio de 1942 parece, agora, chocar-se justamente em suas passagens conclusivas com esta impossibilidade radical: é só de um ponto de vista exterior, e já salvo, que o terror pela estranheza desapareceria. Talvez naquelas últimas linhas venha à luz apenas a posição do filósofo, e se exprima simplesmente sua função de autor, a qual lhe é reservada pelas próprias relações de produção, função protegida e ao mesmo tempo banida do existente. E talvez seja o pensamento como tal a se encontrar desde já a salvo. Ora, em *Minima Moralia* está escrito: «Mesmo a própria impossibilidade ele deve compreender por amor da possibilidade». Só aqui os dois textos de fato se comunicam: as palavras escritas em 1942 não pressupõem um ponto de vista exterior apenas para o filósofo que compreenda como a mesma impossibilidade em que ele se encontra é definida pelo círculo — ainda mágico, a seu modo — da «pura usurpação».

Entretanto, não foi Adorno, mas sim Benjamin, a cunhar a fórmula mais sóbria e rigorosa dessa compreensão: «De todas as formas e expressões possíveis», escreveu ele a Scholem em 6 de maio de 1934,

> meu comunismo evita sobretudo a forma de um credo, de uma profissão de fé [...], pagando o preço de renunciar a sua ortodoxia, ele nada mais é, absolutamente nada mais, do que a expressão de certas experiências que fiz em meu pensamento e em minha existência, é uma expressão drástica e não infrutífera da impossibilidade de que a rotina científica atual ofereça um espaço para meu pensamento, que a economia atual conceda um espaço a minha existência [...]. O comunismo representa, para aquele que foi desapossado de seus meios de produção, de todo, ou quase, a tentativa natural, racional, de proclamar o direito a tais meios, em seu pensamento como em sua vida.

Comunismo ou amor do possível que aí se exprime em sua fórmula pura, a da constatação.

22. É óbvio que o filósofo não pode ser um arrebatador que se recobre de autoridade. Todavia, seria uma boa tarefa filosófica estudar os fenômenos em que aquilo que Le Bon chamava de «prestígio» exerce ainda hoje sua influência sobre as massas pré-formadas (como no mercado cultural, que organiza o pânico pequeno-burguês de não saber dando para este também a figura ridícula do «filósofo mais influente»).

Na massa (ou estirpe) compacta, à qual Heidegger e Schmitt eram felizes de pertencer, o guia, o *Führer*, é (ora segundo a teoria da raça, ora por outras razões) indistinguível de seu séquito, mas justamente por isso tem um séquito. O «prestígio» é uma categoria vazia, porém bastante ativa: nela também se incluem os fenômenos habituais e aparentemente contrários do *leader* grotesco, ou «ubuesco», para o qual Foucault chamou a atenção, e do guia que é ao mesmo tempo e apenas um fantoche. Por outro lado, Hippolyte Bernheim havia destilado na linguagem de seu tempo um perfil diagnóstico preciso:

> Quem nunca viu semelhantes deserdados, que não sendo completamente privados de inteligência conseguem assimilar algumas noções comuns e podem até brilhar num salão, despertar ilusões acerca de seu valor [...] mas, na realidade, são desprovidos de iniciativa e vontade, incapazes da mínima resistência moral, e vão para onde sopra o vento, isto é, para onde a sugestão os empurra? Direi de bom grado que eles são afetados pela *imbecilidade instintiva* (*De la suggestion dans l'état hypnotique et dans l'état de veille*, 1884).

Oposto complementar do tímido, o ser pré-social de Tarde, eis um sujeito que, por assim dizer, só poderá se entreter num círculo. Reconhecemos bem a máscara animada: lembra menos o obscuro Marius Ratti do que o bufão Wenzel, é o palhaço carismático, pesadelo weberiano de nossos dias. Extremamente influenciável, irritável, sensível ao pânico, o pequeno guia pequeno-burguês acreditará justamente que não deve pensar para poder agir, seguindo também nisso certa inspiração (*Suddenly I viddied that thinking was for the gloopy ones and that the oomny ones used like inspiration*); assim, no ápice da sugestão, saberá bem aquilo que todo chefe acredita saber: *Sheep, thought I. But a real leader knows always, when like to give and show generous to his sunders*. Uma vez que ele deve se manter unido a sua massa de sugestionados, deve, primeiro, assegurar a compressão da massa para conduzir suas explosões, e deve paradoxalmente aderir a ela para poder arrebatá-la ou mantê-la à distância, deixando-se admirar de novo. Sua figura é, portanto, a mais distante do guia revolucionário em que pensava Benjamin.

Isto não deve ser esquecido: a «massa» pode ser comprimida — e Joseph Déjacque definia o governo, em todas as suas formas, como uma *machine à compression* — ou relaxada, já que

> não é uma coisa com propriedades rígidas, mas um processo. Dado que uma multiplicidade de indivíduos se torna «massa» em sentido específico apenas segundo certas condições conhecidas e enquanto estas permanecerem. O ser em massa não é uma soma de individualidades [...], «massa» é um processo, que acontece de modo mais ou menos transitório, diferenciado segundo graus de intensidade, bastante mutável

e flutuante, que aparece e desaparece rapidamente, e que pode surgir em qualquer âmbito humano.

A pequena burguesia é apenas a condição mais favorável da massa latente, e o *Führer* é sua primeira expressão: «Quem orienta uma multidão de indivíduos em direção a si [...], com discursos ou meios semelhantes, é nesse momento seu *Führer*; precisamente, *Führer* psicológico de uma massa latente» (Georg Stieler, *Person und Masse*, 1929). É verdade que a multidão precisa de um *leader*, mas — como Emil Lederer sublinhou — este não é propriamente escolhido, não supera nenhum processo de prova. Como pode surgir? Aqui, a língua alemã é precisa: *er wirft sich zum Führer auf*, ele simplesmente «se lança» como *leader*, torna-se inesperadamente o polo de uma cristalização. Freud tinha explicado a facilidade dessa ascensão pela necessidade do chefe, e a necessidade do chefe pela economia libidinal do Eu. Segundo Hermann Broch — que em sua *Massenwahntheorie*, o longo e incompleto trabalho sobre a loucura das massas, retoma a crítica de Freud à psicologia social —, a massa sempre se encontra, por definição, num estado de «pré-pânico» (*Vor-Panik*) e, quanto mais reclama um chefe, mais inexoravelmente se encaminha ao «pânico completo» (*Voll-Panik*): portanto, não será uma mítica e «inexistente alma coletiva» (*nicht-existente Massenseele*) a orientar suas angústias, revertendo-as em êxtase no ódio ativo pelo estrangeiro, mas uma pessoa concreta, um chefe ou um grupo concreto de dirigentes. A fórmula de Hannah Arendt a estes se adapta perfeitamente: «O *leader* é nada mais nada menos que o funcionário [*functionary*] das massas que guia» (*The Origins of Totalitarianism*, 1951). Não um burocrata, mas aquele que, seguindo o instinto, poderá apenas cumprir uma ordem. Ele assim sobressai da multidão com um zelo singular, não deixando de desempenhar, dizia Broch, sua «função de orientação» (*Ausrichtungsfunktion*).

Por outro lado, Adorno fundou sua «tipologia crítica» na teoria freudiana da *Authoritarian Personality* (1950), cujo aparato experimental, a famosa «Escala F», por sua vez, havia sido elaborado com base no método psicanalítico da livre associação. As conclusões são conhecidas: existe «o» caráter potencialmente fascista, que — «como produto da interação entre o clima cultural do preconceito e as respostas 'psicológicas' a este clima» — constitui uma única «unidade estrutural», mas com uma gama variada e dinâmica de manifestações. O «tipo convencional» é assim indissociável do «autoritário submisso», tal como este é indissociável do «agressivo» ou do «tipo manipulador», «cujo gosto pela organização [...] parece ilimitado» e cujos conceitos políticos, não por acaso sublinha Adorno, «são definidos pela relação entre amigo e inimigo, exatamente do mesmo modo como o teórico nazista Carl Schmitt definiu a natureza da política». É justamente nessa linha de variação dinâmica que o fenômeno é compreendido, segundo uma estrutura complexa da qual fazem parte tanto o *leader* quanto a necessidade do *leader*. Sua elevação a chefe corresponde a certo grau de intensidade, no mesmo espectro do qual faz parte o comportamento, aparentemente mais doméstico, do «tipo convencional». O *Führer* (ou o divo, ou o grande homem de prestígio) é, de fato, um sujeito psicológico como seus prosélitos, e mais do que eles; Freud especifica: «nada mais deve fazer do que possuir de forma particularmente pura as características típicas desses indivíduos». Por sua vez, Joseph Delboeuf e Bernheim concordavam com o fato de que a hipnose não acontece como relação vertical, domínio direto de um sujeito acordado que controla o sono de outro, mas o que existe são relações biunívocas, correntes colaborantes e complexas: por toda parte, apenas acontecem «graus e modos diversos de sugestão». Não existem sujeitos, mas apenas processos de sugestão — arriscaria hoje um espírito foucaultiano. E já em 1913 Raoul Brugeilles chamava a atenção (num artigo depois lido por Freud) para o fato de não existir o jogo exclusivo das impressões fortes, das subjetividades mais potentes, mas uma massa de sugestões, constantes e de intensidade até mesmo mínima, emanadas de todos os indivíduos, com frequência por eles ignoradas. Nesse aspecto, as próprias teorias se imitam. E, se «até Bismarck e os outros eminentes chefes de partido [...] revelaram que, como chefes de um grupo, devem segui-lo», se «no fundo quem guia é guiado» (Georg Simmel, *Die Mode*, 1911), isso depende do fato de que seu eu é, exatamente como os outros pequenos eus compactados da massa, o último produto da reificação. E, uma vez que sobre esse ego pequeno-burguês não se exerce uma relação de pura subjugação, o sujeito ainda o considera um bem precioso a manter em segurança, sob cujos despojos a relação social de mercadorização encontra formas, a depender da circunstância, de se esconder. Assim, se na mais brutal exploração pode viver a solidariedade, no pânico pequeno-burguês, pelo contrário, prolifera apenas o prestígio. Com suas cotações oscilantes, o prestígio é o interesse que se acumula e que atrai na mercadoria-eu (e não tanto no simples indivíduo biológico, ao qual de fato sucumbe ou sobrevive).

A pequena burguesia não é, ensina Benjamin, uma classe: é só massa comprimida entre a burguesia rica e o proletariado. A partir dessa não classe, todo fascismo produzirá seu «povo», mascarando a pura e simples compressão nos arcaicos e inseparáveis nomes da comunidade, da pátria, do trabalho, do sangue, do chefe. A multidão — que, segundo Le Bon, adquire uma consciência deformada, mas a seu modo plena, no *leader* prestigioso —, de fato, era apenas uma massa latente de chefes, ainda não conscientes, mas prontos a emergir. A consciência da classe revolucionária, no entanto, é uma condição-limite. Aqui, todo guia se perde na massa e é até duvidoso, segundo Benjamin, que se possa ainda usar esta palavra: «consciência» — que, por outro lado, é adequada para a mercadoria.

23. O velho Harlan Potter não tolera intromissões nos negócios da família. Convoca assim Philip Marlowe para lhe dar um conselho, sob a forma de sermão moral. Potter é um homem muito rico, portanto muito sábio: «O dinheiro», sentencia, «tem uma característica própria [...]. Em quantidades enormes, tende a ter uma vida própria, de fato uma consciência própria. E se torna muito difícil manter sob controle o poder da riqueza».

A consciência do dinheiro chama-se juros. Juros são a autorreflexão da qual o dinheiro se torna capaz ao alcançar as maiores acumulações, é a vida autônoma do dinheiro que se reproduz a partir do próprio dinheiro. E essa vida, embora fugaz, é um poder que não se deixa dominar, se é verdade que «os juros como preço do capital são *a priori* uma expressão completamente incontrolável». Foi assim que Marx explicou a diferença entre os novos juros como produto próprio, característico do capital, e a velha usura. E Maurice Halbwachs, em *Esquisse d'une psychologie des classes sociales* (1955), retomou a seu modo as famosas páginas do *Capital*, escrevendo que a antiga profissão de usurário

> era uma profissão como outra qualquer, limitada pelas leis contra a usura, e era exercida por quem não tinha outro trabalho. A novidade que caracteriza o sistema capitalista é o empréstimo para a produção [...]. Desde então, procura-se no dinheiro a possibilidade de criar dinheiro. Mas esse desejo, quando surge, é destinado a crescer repentinamente naquele que o experimenta. E onde poderia encontrar um limite? O dinheiro desejado para os bens de consumo que ele nos proporciona desaparece com a aquisição e com o consumo desses bens [...], o dinheiro que serve para produzir outro dinheiro não desaparece, mas, pelo contrário, continua a aumentar [...]. Quando o dinheiro adquire esse poder, passa decididamente para o primeiro plano. A partir desse momento, tudo é avaliado em moeda, os bens, as riquezas, os serviços, o próprio tempo [...]. Como dizia Franklin: «O tempo é dinheiro [...]. Quem pode ganhar seis xelins por dia com seu trabalho mas vai passear ou fica em casa metade do tempo, ainda que tenha apenas necessidade de seis pence para ser feliz, deve pensar que desperdiçou cinco xelins» [...]. O dever de enriquecer [...] para ter mais meios para ficar ainda mais rico [...] está, como um imperativo categórico, na base da moral capitalista.

O mote biunívoco «o tempo é dinheiro» nomeia os juros e é o código moral inscrito na consciência burguesa. Isso pois «na fórmula capital-juros desaparece toda a mediação e [...] o capital é reduzido a sua fórmula mais geral, mas, por isso mesmo, incompreensível e absurda. É precisamente por isso que o economista comum prefere a fórmula capital-juros, com sua faculdade oculta de restituir um valor diferente de si mesmo, à fórmula capital-lucro, porque com esta estamos mais próximos da efetiva relação capitalista» (*O Capital*, terceiro livro). Explicando como a própria natureza do dinheiro é a de aumentar, Halbwachs ainda deixa essa natureza misteriosa. Por outro lado, Marx dissolve o arcano, anulando o mito do puro uso na forma do dinheiro como equivalente de todas as mercadorias e encarnação de todo o trabalho social. Também aí «a tendência para o entesouramento é por natureza sem medida». Mas ele não tem nada de incompreensível, remonta antes a uma contradição elementar. «O dinheiro», diz a célebre passagem do primeiro livro do *Capital*,

> é, qualitativamente, isto é, segundo sua forma, sem limites [*schrankenlos*]; ou seja, é representante geral da riqueza material, porque é imediatamente convertível em qualquer mercadoria. Mas, ao mesmo tempo, qualquer soma real de dinheiro é limitada quantitativamente, e, portanto, é também apenas meio de aquisição de eficácia limitada. Essa contradição entre o limite quantitativo [*quantitative Schranke*] e o ilimitado qualitativo [*qualitative Schrankenlosigkeit*] do dinheiro impele sempre o acumulador de tesouro ao trabalho de Sísifo da acumulação. Ao acumulador acontece o mesmo que ao conquistador do mundo: a conquista de uma nova paisagem é somente a conquista de um novo confim.

O tempo é dinheiro uma vez que esse trabalho de Sísifo é uma luta contra o tempo. E, porque apenas essa tarefa sem fim nem pausas é a fórmula inscrita em toda mercadoria, somos todos acumuladores de tesouro e como tal agimos também para nos proporcionar o mínimo indispensável. Justamente porque o tempo é dinheiro, quem quer se contentar com seus seis pence de paz deve trabalhar o tempo inteiro. Por isso existe uma ética

capitalista, e ela não deixa de existir nem mesmo quando seu «imperativo categórico» parece apenas uma máscara solene, já velha e inútil: cínica ou resignada, mesmo a desilusão que se carrega continua a esconder que o tempo não é dinheiro, que o trabalho é sempre e em qualquer caso um trabalho de Sísifo, isto é, em última instância, «pobreza absoluta». Apreender o limite do tempo, transformando o ilimitado no limitado, o quantitativo no qualitativo, é o ensinamento de Marx. O materialismo é portanto uma filosofia da história.

24. «Viveu há tempos nas ilhas do Havaí um homem a quem chamarei Keawe: na realidade, ele ainda está vivo e por isso devo manter seu nome em segredo.» Keawe viu uma bela casa, e da bela casa um homem, triste, olhava para ele, e, na verdade, ambos se invejavam. O homem mostrou a Keawe a casa e seus quartos. É mesmo bela, disse Keawe, «acho que, se vivesse aqui, eu riria o dia inteiro. E por que o senhor, que nela mora, suspira dessa maneira?». «Não vejo por que o senhor não pode ter uma casa como a minha, e até mais bela, se quiser. Tem o dinheiro para ela, suponho.» Essa é a história do *Bottle Imp* (1891), do objeto mágico que assegura todo o bem, mas que o respectivo dono deve vender antes de morrer e a um preço sempre inferior ao que custou: o homem que não se livrasse dele a tempo — e haverá um que adquirirá a garrafa a um preço mínimo abaixo do qual não se pode descer — arderia nas chamas do inferno. É o que acontecerá no final ao velho mestre bêbado, e então será o diabo a recolher o penhor.

A sombra cruel e misteriosa dos juros, a aparência sob a qual se esconde o lucro, a potência ilimitada e espectral do dinheiro, é capturada, ou seja, elevada criticamente e restituída a seu justo domínio, na fábula. É um domínio linguístico. Ora, de fato, como em Stevenson, a potência mítica é presa da potência material da linguagem, que surge na necessidade e só existe nas relações com os outros homens. Para esta, os juros são apenas um diabinho na garrafa. E a contradição entre individual e coletivo assume um novo aspecto através do vidro espesso — isto é, na matéria da fábula — de que é feito o objeto enfeitiçado. A vida individual é limitada. A contradição entre teor quantitativo e qualitativo do dinheiro agora se apresenta como contradição entre tempo limitado da vida individual e aspecto social da forma-mercadoria. A vida fica limitada e a garrafa, que passa de mão em mão, isto é, de forma contínua de indivíduo para indivíduo, pode dar tudo exceto a eternidade. Também seu poder se choca com o tempo e é, portanto, como o do dinheiro, qualitativamente ilimitado e quantitativamente limitado.

Entre o qualitativamente ilimitado e o quantitativamente limitado existirá sempre uma mercadoria a mais, que por fim não poderá ser adquirida (vendida): a garrafa, justamente. Daí, também, a necessidade da acumulação: «Tenho 50 dólares, mas uma casa como esta vale bem mais». O homem fez um cálculo. «Lamento que não tenha mais, porque por isso o senhor pode vir ter incômodos futuros: mas por 50 dólares, eu a cedo.» «A casa?» «Não, a casa não», replicou o homem, «mas a garrafa, sim.» Não a casa (e, com efeito, escreve Pound: *With usura hath no man a house of good stone*), mas o puro objeto de troca, o equivalente universal que com diabólica consciência o próprio dinheiro compra e aumenta. Quanto menos acumulação, mais baixos são os juros a seu favor, quanto menos dinheiro possui, mais baixa é a quantia que pode pagar agora, mais facilmente «daí podem advir incômodos futuros», mais alto e ameaçador será o preço que terá de pagar, mais próxima e inevitável será sua cobrança. Quanto menor é a quantia, mais o tempo aperta, mais sobem os juros. Quem afinal se torna escravo do diabo? Quem fica com os pés e mãos atados? O mais pobre, aquele que tem muito menos que 50 dólares, aquele que pode pagar apenas o preço mais baixo pela mercadoria. Aquele para quem as correntes já estão apertadas. No terceiro livro do *Capital,* Marx explica de maneira mais clara que Halbwachs a diferença entre a nova e a velha usura: se esta, que exerceu uma ação revolucionária nos sistemas pré-capitalistas, destruindo as antigas formas de propriedade (e, de fato, *with usura / seeth no man Gonzaga his heirs and his concubines*),

> não se satisfaz em espremer o trabalho excedente de sua vítima e, pouco a pouco, adquire para si o título de propriedade de suas condições de trabalho, casa, terra etc., e continuamente se esforça por expropriá-lo [...]. Essa total expropriação do trabalhador de suas condições de trabalho não é um resultado para o qual tende o modo de produção capitalista, mas a premissa realizada da qual ele parte. O escravo do salário, exatamente como o escravo real, se encontra na posição que o impede de se tornar escravo do credor, pelo menos em sua qualidade de produtor: eventualmente ele pode se tornar escravo do credor, mas apenas em sua condição de consumidor.

O que são os juros? A resposta está na pergunta: o que é o lucro? E esta remete a outra: quem se torna escravo dos juros? Aquele que pode *apenas* comprar a garrafa, aquele que, já escravo como produtor, pode apenas se tornar tal enquanto mero consumidor. Ele — velho bêbado, mestre, desertor, mineiro e condenado — adquire a garrafa, pois já não pode nem mesmo temer o inferno: «Parto, de todo modo, e, no mais, não posso ir em melhor companhia».

25. Sua figura é a última da consciência real, isto é, psicológica, do pequeno e pobre eu, ou do escravo que pensa (que pensa). Seu último ato é um ato de desesperado oportunismo. Já que o oportunismo (cuja ligação com o belicismo foi mostrada por Rosa Luxemburgo) é o mais vil desespero. Ele fica apegado aos juros, isto é, ao interesse[2] particular, como o bêbado à garrafa. Na verdade, ele «*confunde o estado de consciência psicológico e factual dos proletários com a consciência de classe do proletariado*» (Lukács). Seu caminho foi o do sindicalismo reformista, no qual a massa pequeno-burguesa pôde penetrar e estender-se no proletariado.

Mas à história das dissoluções tratadas por Marx nos *Grundrisse* foi acrescentada uma etapa que torna supérfluos até mesmo os sindicatos: a das atuais formas de trabalho para arrumar trabalho, presentes, como metatrabalho, em todo trabalho e além de todo trabalho. Daí alguns fenômenos bizarros: como o voluntariado, ou o trabalho sem salário na esperança de trabalho. A tarefa clássica do desempregado agora se transmite ao empregado, e as duas figuras se confundem. De fato, navega-se em águas ruins, e as águas ruins se comunicam na consciência, que tem a mesma natureza, completamente psicológica, do

2 *Interesse* é o termo italiano para juros, mas que também designa, tal como em português, a noção de interesse. Assim, há aqui um trocadilho que não tem paralelo em português. [N. T.]

metatrabalho (ou trabalho excedente absoluto). Só uma coisa continua a ser verdadeira: «*Um indivíduo pode mortificar-se, martirizar-se etc. todo dia, como fazem os monges etc., e esta quantidade de sacrifício que ele faz não tira uma aranha do buraco* [...]. Para além do sacrifício, tem de haver algo mais».

26. Como pensar então a consciência de classe e a solidariedade revolucionária de que fala Benjamin?

A resposta está numa das mais belas perguntas de Marx — pergunta que, na verdade, é a invenção de um problema: *o que é uma jornada de trabalho?*. E o que é esta «última Thule» que é o limite necessário da jornada de trabalho? Lembremos a dialética que Marx anima numa página do primeiro livro do *Capital*, nas vozes, mais límpidas do que nunca, do capitalista e do operário. O primeiro

> invoca a lei da troca das mercadorias. Como qualquer outro comprador, procura extrair do valor de uso de sua mercadoria a maior utilidade possível. Mas, de repente, levanta-se a voz do operário, que estava emudecida na urgência e no tumulto do processo de produção: A mercadoria que lhe vendi se distingue das demais mercadorias comuns pelo fato de que seu uso *cria valor*, e um valor maior do que ela custa. E por essa razão você a comprou [...]. Você continuamente prega o evangelho da «parcimônia» e da «abstinência». Pois bem: quero administrar meu único patrimônio, a força-trabalho, como alguém poupado de maneira racional e parcimoniosa, e quero me abster de todo esbanjamento louco que possa fazer dela [...]. Exijo a jornada de trabalho normal, porque exijo o valor de minha mercadoria, como qualquer outro vendedor.

A voz do operário repete a declaração de greve dos *London builders* de 1860-61. Marx assim comenta:

> É evidente: abstração feita dos limites [*Schranken*] completamente elásticos [...] não resta nenhum limite [*Grenze*] da jornada de trabalho; logo, nenhum limite do trabalho excedente. O capitalista, procurando tornar a mais longa possível a jornada de trabalho [...], procurando fazer de *uma* jornada duas, defende seu direito de comprador. Por outro lado, a natureza específica da mercadoria vendida implica um limite de seu consumo por parte do comprador, enquanto o operário, querendo determinar a jornada de trabalho por uma grandeza normal determinada, defende seu direito de vendedor.

Assim se reconhece, em outra aparição, o mesmo esquema que descrevia o mecanismo da acumulação. Aí, a contradição entre limitado e ilimitado dava lugar à tarefa infinita, ao trabalho de Sísifo do conquistador de dinheiro. Aqui, há uma oposição semelhante, entre mais-valia tendencialmente ilimitada e limite do consumo por parte do capitalista-comprador. Essa contradição reproduz em outro nível a contradição entre o limite quantitativo e o ilimitado qualitativo do dinheiro, para dar lugar a outra obra infinita, ao trabalho de Sísifo da contratação entre operário e capitalista.

Na página do *Capital* aparece, no entanto, algo muito diferente, precisamente uma decisiva «antinomia» (*Antinomie*). Essa antinomia não é um contraste entre limitado e ilimitado. Pelo contrário, ela se funda na noção altamente irônica de jornada de trabalho *normal*. Irônica, uma vez que tal jornada nunca poderia existir exatamente nas condições em que é requerida, na qual sua exigência surge. Como se diz claramente, se não existisse mais-valia ninguém compraria mercadoria-trabalho e ninguém trabalharia, e não se levantaria nenhuma voz de protesto (se qualquer jornada de trabalho se reduzisse a seu *limite mínimo absoluto*, a sua parte constitutiva necessária mas contrátil, diz Marx em outra célebre passagem, «o trabalho excedente desapareceria, o que é impossível sob o regime do capital»). Nas condições em que a voz se levanta, no domínio do capital como «impulso ilimitado», uma jornada, portanto, nunca poderia ser *normal*, mas será sempre excessiva, carregada de trabalho excedente. Daí a ironia que soa na voz do operário: «Você me prega a abstinência? [...] Pois bem, seguirei suas palavras». Ou seja: meu impulso de poupar será, e não poderá deixar de ser, ilimitado como seu impulso de ganhar. Assim, *em cada palavra* vem à luz a antinomia: não só um contraste entre vozes diferentes e opostas, mas uma contradição inerente à própria lei da troca, que não pode ser resolvida por nenhum novo contrato (por nenhuma ocultação da antinomia nas infinitas florescências da fórmula contratual pura: «Prega a parcimônia? Então não trabalharei mais»).

Aqui, o *nomos* da economia política se dobra e volta-se contra si mesmo: «direito contra direito, ambos consagrados pela lei da troca de mercadorias. Entre direitos iguais, decide a violência [*Gewalt*]». É nesse ponto, em que o tumulto do processo de produção se interrompe, em que uma voz se ergue subitamente, que surge a classe: «Assim, na história da produção capitalista, a regulação da jornada de trabalho [*Normierung des Arbeitstag*] se apresenta como luta pelos limites da jornada de trabalho — luta entre o capitalista coletivo [*Gesamtkapitalist*], isto é, a classe dos capitalistas, e o operário [*Gesamtarbeiter*], isto é, a classe dos operários [*Arbeiterklasse*]».

Aí, tudo acontece na dinâmica da mercadoria e segundo as leis da troca, que de modo inesperado interrompem seu avanço solene alcançando uma situação antinômica. O operário, ou melhor, o trabalhador — uma vez que o termo *Arbeiter* precede a «divisão» (*Teilung*) entre atividades física e intelectual —, não responde segundo a voz da consciência psicológica, mas segundo a redução de sua existência a mercadoria. Retomando o *topos* da *Wissenschaft der Logik*, tão caro a Marx, Lukács dirá que para ele o quantitativo se transforma em qualitativo: o que o capitalista procura fazer passar por mera quantidade de mercadoria revela-se para o operário como a pura qualidade, sua própria existência. Mas essa «existência» surge de acordo com possibilidades revolucionárias apenas se, ao mesmo tempo — Marx é entendido de forma literal —, ela não for mais do que mercadoria, isto é, dinheiro. Na verdadeira antinomia, o que se apresenta como ilimitado de um lado — uma vez que não existe nada, nem mesmo um instante, na jornada do operário que não possa ser convertido em dinheiro — não se choca apenas com a vida como tempo finito e mercadoria limitada, nem com a limitada capacidade de dispor da mercadoria, por parte do capitalista (com os limites de sua vida como acumulador). Existe, sim, um limite na mercadoria-trabalho que exige *verdadeiramente* parcimônia. Mas o teor irônico dessa «parcimônia» supera a simples contradição entre limitado e ilimitado e ao mesmo tempo também o mau infinito da contratação (e sua contabilidade desesperada: quantas partes de minha vida limitada lhe devo ainda ceder para viver o que me resta para viver?). O operário parcimonioso sabe bem que não há instante que não possa ser adquirido, *mas justamente por isso sabe também que não há instante que não possa não ser poupado*: ao contrário do mau sindicalista, ele usa *verdadeiramente* a lógica da troca e se atém rigorosamente ao ilimitado do dinheiro. Então, também a potência qualitativamente ilimitada do dinheiro de repente encontra uma potência semelhante diante de si, o ilimitado, por assim dizer, dobra-se sobre si mesmo e chega verdadeiramente a um termo. *Só aqui surge a antinomia, pois o ilimitado só encontra seu fim no ilimitado que a ele se opõe.*

Tudo acontece porque o proletário nem por um instante deixa de ser o que realmente é: objeto, mercadoria, dinheiro. Diante dos olhos nunca tem, a ofuscar-lhe a vista, o próprio eu que, mascarado a cada situação de objeto, lamenta pelos próprios direitos destruídos; diante de si tem apenas um objeto: a massa de mercadorias ou de dinheiro que sem separações ele, ao mesmo tempo, é.

O operário, portanto, não age e não levanta aí sua voz para obter apenas um pouco de tempo livre (do qual se beneficiará seu antagonista, dado que ele trabalhará melhor depois, ou consumirá mais). No entanto, aquele tempo estranho ao trabalho — tempo da *paresse*, ensinava Laforgue, e não do *loisir* — tem para ele uma importância essencial, pois o operário age para transformar integralmente sua vida graças às energias que justamente a vida sem trabalho tinha recolocado e alimentado nele. Eram as energias do amor, que agora, na redução brutal a objeto, chegam para socorrê-lo: pois no amor, explica Marx na *Sagrada Família* (1845), não existe nada de subjetivo, e é o amor «que em primeiro lugar ensinava verdadeiramente o homem a crer no mundo objetivo fora dele, que não só transforma o homem em objeto, mas até mesmo transforma o objeto em homem!».

27. Quando a antinomia aparece, o processo produtivo fica bloqueado e o contraste entre operário e capitalista se torna *ipso facto* conflito de classe. Talvez apenas seja possível falar de «consciência de classe» nesse nível. E, se a palavra «consciência» tem aqui um sentido, ele consiste — algo que só à primeira vista é paradoxal — somente em alcançar, na classe revolucionária, a neutralidade das categorias de sujeito e objeto.

Essa neutralização se chama solidariedade. Ser consciente, isto é, lutar, ou seja, ser solidário ou ser objeto de solidariedade, uma vez que a solidariedade não é a base da comunidade, que por sua vez, como em Edith Stein, precede o Estado. E não é uma boa intenção do ego, mas a forma da simples existência como classe, *id est*, como classe revolucionária. Só o conformista simplório bem-intencionado separa a solidariedade, sentimento que lhe é tão caro, da luta, que ele detesta mais que tudo (enquanto o conformista sofisticado ridicularizará essa solidariedade separada, a única que ele conhece). Para a classe revolucionária, consciente, luta e solidariedade são pelo contrário inseparáveis, comunicam-se uma com a outra.

Benjamin descreve a luta de classes como um relaxamento. E a massa como uma compressão. Mas é justamente nessa massa — que já não é «massa abstrata, imutável» (Marx e Engels, *A Sagrada Família*) — que os relaxamentos podem se produzir. Benjamin parece seguir afinal não só Marx, mas também Lukács, quando escreve que na pequena burguesia existe contradição adialética entre indivíduo e massa. Na verdade, parece Lukács: indivíduo e consciência de classe encontram-se, também para ele (como na pequena burguesia rural), numa relação de «oposição contraditória [*kontradiktorisch*]», ainda não dialética.

Mas Lukács retoma uma página sobre a social-democracia

do *Dezoito Brumário* (1852), transforma-a, e escreve:

> a pequena burguesia [...] submetida de forma direta à influência do capitalismo [...] não pode ficar completamente indiferente ao *fato* da luta de classes entre burguesia e proletariado. Todavia, «como classe intermediária» [aqui, as citações são de Marx], na qual «se atenuam os interesses de ambas as classes», ela em geral irá se sentir «acima do conflito de classes». E, por conseguinte, não procurará o caminho «para suprimir ambos os extremos, o capital e o trabalho assalariado, mas para atenuar essa oposição».

Seria possível observar: ao citar Marx, Lukács está longe de seguir Marx — que está, sim, descrevendo uma «transformação democrática da sociedade dentro do quadro da pequena burguesia», mas não está oferecendo exatamente a descrição desse quadro.

Não se pode deixar de observar: aí, Benjamin inverte completamente Lukács. No quadro que está diante de seus olhos, a pequena burguesia é ainda intermediária e, portanto, comprimida. Com a social-democracia de Weimar, essa compressão durou bastante até explodir no nazismo. É certo que existiram atenuantes dos extremos, mas só para aumentar (por exemplo, na aliança com os desempregados) os quadros da pequena burguesia, que é, em todos os aspectos, uma multidão perigosa. A ela se adaptam — e nas suas reações encontram seu momento de verdade — as palavras com que o reacionário Le Bon descrevia ao mesmo tempo as multidões da revolução e as multidões criminosas.

28. Já Marx, em *Miséria da Filosofia*, escrevia que «a grande indústria acumula num lugar [*endroit*] uma multidão de pessoas entre si desconhecidas. A concorrência as divide em seus interesses». Pouco mais de um ano antes, Engels tinha observado que a «dissolução da humanidade em mônadas» (*Auflösung der Menschheit in Monaden*), o isolamento de cada indivíduo singular em seu egoísmo, «não se mostra em parte alguma de forma tão vergonhosamente descoberta e tão consciente como na multidão [*Gewühl*] das grandes cidades» (*A situação da classe trabalhadora na Inglaterra*, 1845). Com efeito, a urbanização segue o mesmo movimento, dispõe e organiza fora da fábrica a multidão de desconhecidos: não a elimina, mas a ela oferece refúgio; dissimula-a e a distribui mantendo-a como um fenômeno latente; difunde-a e a dissolve, enquanto prepara a cena de suas cristalizações súbitas.

Quase um século depois, em 1925, a metrópole se mostra a Robert Ezra Park como um agregado instável, numa «perene situação de crise» (*The City*). Seu paradigma é justamente a multidão, que Park havia estudado nos anos que passou na Alemanha, sob a influência de Simmel, e na escola de Windelband. Mas a expressão «momento psicológico» designa também uma estabilidade relativa e se revela um eufemismo quando as crises são normais e as tensões são de tal ordem que «uma causa mínima pode provocar uma consequência enorme». «Centro nevrálgico do organismo social», a cidade, no entanto, é abalada por flutuações rápidas e intensas como as da bolsa; a multidão oscila e reage com a facilidade com que oscila e reage o mercado, e pode ser controlada, observa Park, justamente como as valorizações da bolsa são controladas e manipuladas pelos especuladores.

Na verdade, continua agora Benjamin,

> a multidão [*Menge*] é de fato um capricho da natureza, admitido que é lícito aplicar a expressão ao contexto social. Uma estrada, um incêndio ou um incidente rodoviário reúnem pessoas que, nessa condição, não são determinadas por seu pertencimento de classe. Apresentam-se como ajuntamentos concretos, mas socialmente continuam a ser abstratas [...]. Seu modelo são os clientes que — cada um com seu interesse privado — se reúnem no mercado em torno da «causa comum». Tais ajuntamentos muitas vezes têm apenas uma existência estatística. Nesta fica escondido aquilo que torna esses ajuntamentos propriamente monstruosos: isto é, a concentração de pessoas privadas, como tais, por meio da causalidade de seus interesses privados. Se, todavia, esses ajuntamentos atraem — e isso providenciam os Estados totalitários, tornando a concentração de seus clientes permanente e obrigatória para qualquer iniciativa —, então seu caráter híbrido vem claramente à luz. E isso sobretudo para os próprios interessados. Eles racionalizam a causalidade da economia de mercado, que os reuniu, em termos de «destino», no qual a «raça» se reconhece. Assim, eles deixam ao mesmo tempo o caminho livre ao instinto gregário e ao agir reflexo. Os povos na primeira fila no teatro da Europa Ocidental tomam conhecimento do sobrenatural com o qual Hugo deparou na multidão (*Das Paris des Second Empire bei Baudelaire*, 1938).[3]

3 Uma variante dessa passagem, e, ao mesmo tempo, da nota de 1936, pode ser lida em *Passagenwerk*, J 81 a, 1: «A massa como tal [...] não tem um significado social primário [...]. O público de um teatro, um

Paris, capital do século XIX. É certo que a expressão é do jovem Marx, mas, quando Benjamin a retoma, em meados dos anos 1930, reconduz ao centro a figura da multidão, que exerce pressão sobre seu presente. A poesia, como a *flânerie* de Baudelaire, torna-se para ele cognoscível só no específico «momento do perigo» em que a multidão fascista organizada se lança às ruas. Como fenômeno ilusório, que parece possuir em si o princípio de seu movimento e ter uma alma própria, a grande multidão do século XIX que, passando pelas feiras e pelos *boulevards*, se dispersa e se demora nas *passages* revela-se agora «o molde em que setenta anos depois foi forjada a comunidade do povo. O *flâneur* [...] foi o primeiro a ser vítima de uma ilusão que desde então deslumbrou milhões de homens».

O engano também induz a crer que o agregado casual e momentâneo, «por excelência, heterogêneo», é o *oposto da homogeneidade social*. É a aparência, concentrada na figura do *leader*, ainda presente nas palavras de Georges Bataille: «Contrapostos aos políticos democráticos, que representam nos diferentes países a platitude inerente à sociedade *homogênea*», lê-se na *Structure psychologique du fascisme* (1933), «Mussolini ou Hitler parecem de pronto saltar como *totalmente diferentes*».

---

exército, os habitantes de uma cidade [...] não pertencem, como tais, a uma classe determinada. O livre mercado multiplica rapidamente essas massas [*Massen*] numa multidão [*Menge*] imensa [...]. Os Estados totalitários as assumiram como modelo. A comunidade do povo tende a extirpar do indivíduo particular aquilo que impede sua completa dissolução numa massa de clientes. Nisso, o Estado, que nesse fervoroso esforço representa o agente do capital monopolista, tem um único e implacável inimigo no proletariado revolucionário, o qual destrói a aparência da massa por meio da realidade da classe».

O Estado fascista depois haveria de reunir em si, segundo Bataille, os dois elementos opostos, a pura soberania e o aparato. Comparece aí, na ideia de uma heterogeneidade soberana, a velha matriz. Se em Bataille os «*totalmente outros*» em relação à normalidade homogênea e produtiva são os grupamentos e os chefes fardados, assim como as classes miseráveis em revolta, por todos os lados, nas margens do social, vem à luz o espectro negativo da multidão, como já surgia em Tarde ou em Sighele.

Ora, a classe revolucionária não apenas não se adapta a esse esquema, mas, de modo mais preciso, o revoga. Numa primeira versão, já citada, da nota sobre a classe, Benjamin de fato escreveu que «a formação das multidões de maneira alguma acontece apenas no seio das classes» (*Die Formierung von Massen geht keineswegs allein im Schosse von Klassen vor sich*), mas, segundo um movimento exatamente inverso, «a formação das classes se produz no seio das massas» (*die Formierung der Klassen erfolge im Schosse von Massen*): assim, a classe revolucionária só segue a multidão temporalmente, segundo o processo «concreto e sensato» com que se distingue e se isola dela.

Sociedade homogênea e multidão heterogênea parecem se opor e ficar ao mesmo tempo ligadas uma à outra. Mas a classe revolucionária, que emerge e se emancipa da coletividade aparente, da multidão, supera também essa oposição e desfaz qualquer laço. Já não há uma linha plana e regulada e nada «emerge de repente»: se uma aura altera e circunda o *leader* com soberania, a solidariedade a dissolve.

29. *Was ist Aura?* O texto que se inicia com essas palavras é ainda inédito:[4] Benjamin provavelmente deve ter escrito no início de 1935, enquanto preparava *Das Kunstwerk im Zeitalter seiner techniscehn Reproduzierbarkeit*, ainda que nada impeça de se tratar de uma elaboração posterior, talvez devida às observações críticas com que Adorno tinha recebido o ensaio; como num contracanto ao texto mais famoso, o meio cinematográfico surge aqui, de fato, em sua função tipicamente reacionária, em conformidade com relações de poder estabelecidas pelo capitalismo.

Em todo caso, as três pequenas folhas, arrancadas de um pequeno bloco de contas de um bar, com a estrela vermelha da água San Pellegrino e todas preenchidas por uma grafia minúscula, contêm definições famosas, que se encontram, com variantes mínimas ou completamente idênticas, tanto no ensaio sobre a reprodutibilidade técnica (já da versão de 1936) quanto em *Über einige Motive bei Baudelaire* (1939).

O que é a aura? «Quem é olhado ou crê que está sendo olhado responde com um olhar.» Quando essa reação normal na sociedade se transfere para a relação entre o homem e a natureza, então — escreve Benjamin — acontece a experiência aurática. Então, todo ser, animado ou inanimado, responde com

4 É um dos manuscritos encontrados por Giorgio Agamben na Bibliothèque Nationale de Paris em 1981. Pode ser lido no Walter Benjamin Archiv de Berlim. Agradeço a Clemens-Carl Härle, que me permitiu consultar sua atenta transcrição. (O manuscrito era inédito na época do lançamento deste livro, em 2009. Contudo, em 2012, uma tradução italiana foi publicada em Walter Benjamin, *Charles Baudelaire. Un poeta lirico nell'età del capitalismo avanzato*. Org. de Giorgio Agamben, Barbara Chitussi, Clemns-Carl Härle. Macerata: Neri Pozza, 2012, pp. 25-6. [N. T.])

seu olhar ao nosso. É esta a experiência da distância, ligada ao reino onírico: «Seu olhar sonha, arrasta-nos em seu sonho [*sein Blick träumt, zieht uns seinem Traume nach*] [...]. Existe tanta aura no mundo quanto nele ainda há sonho [*Soviel Aura in der Welt als noch Traum in ihr*]». Mas as três folhas falam também do momento em que o sonho se apaga, e a aura se desvanece, enquanto «o olho acordado» (*das erwachte Auge*) não perde sua capacidade de observar. A teoria da percepção assim se transforma numa teoria da classe. Surge outro olhar, que agora perdeu toda distância e toda magia, e faz lembrar sobretudo o modo como os olhos do desprezado se cruzam com os olhos carregados de desprezo: é o olhar que vem mais de perto, com o qual o oprimido responde ao opressor.

Quando a tensão entre as classes atinge certo «nível» (*Grad*), esse olhar emerge em forma de massa. «Aqui se chega», escreve Benjamin, «a uma antinomia» (*es kommt zu einer Antinomie*). Em tal situação, as classes de fato gostariam de se estudar, e os dominadores, em particular, gostariam mais do que nunca de observar os dominados, mas estes conseguem evitar o olhar dos antagonistas, levantando seus próprios olhares, duros e ameaçadores. Então os exploradores não ousam ir além, deixam até de ir aos locais de trabalho; e as condições em que vive a maioria dos exploradores se tornam cada vez mais ignoradas.

É nesse ponto que intervém a técnica cinematográfica: ela permite, coisa extraordinariamente reconfortante, estudar os outros sem ser visto nem estudado; esconde dos olhares, enquanto oculta os perigos da vida social. A câmera (tanto ontem como hoje, seria possível dizer) protege do ódio de classe. «Sem o cinema», conclui o breve texto, «a decadência da aura iria se tornar evidente numa medida já não suportável» (*Ohne den Film würde man den Verfall der Aura in einem nicht mehr erträglichen Masse zu Spüren zu bekommen*).

«Encontrei aquele aspecto da arte do século XIX que apenas 'agora' é passível de ser conhecido [*der nur 'Jetzt' erkennbar ist*], que não era antes e não será mais tarde», escrevia Benjamin a Gretel Adorno em 9 de outubro de 1935, anunciando o *Das Kunstwerk im Zeitalter seiner techniscehn Reproduzierbarkeit*. O agora dessa cognoscibilidade, em que também o cinema revela seu aspecto revolucionário, é, porém, o mesmo de que fala o fragmento inédito. Tanto os exploradores quanto os explorados gostariam de se estudar. Os primeiros possuem um novo meio, e podem examinar os outros permanecendo escondidos. Entretanto, existe algo que resiste aos olhares de uns e de outros, não obstante a câmera cinematográfica. Do exterior, na representação de seus opressores, «o proletariado dotado de consciência de classe» surgirá apenas como «uma massa compacta». O ódio pode ser percebido e estudado, mas a solidariedade é uma gradação sua invisível, que não pode nem deve ser dissimulada e da qual é impossível se esconder. A solidariedade é por definição invisível para os não solidários. Não vista pelo opressor, a classe solidária poderá assim se apropriar da câmera cinematográfica — e, na verdadeira antinomia, ou seja, «a partir de uma base nova da produção, surgida apenas por meio do processo histórico» (Marx), poderá levantar um olhar igualmente novo.

30. O que é que escapa à solidariedade, o que é que a torna, de fora, completamente imperceptível?

Em *Miséria da Filosofia* está escrito: «As condições econômicas primeiro tinham transformado a massa [*masse*] da população [...] em trabalhadores. O domínio do capital criou para essa massa uma condição e interesses comuns. Assim, essa massa é já uma classe quando confrontada com o capital, mas ainda não o é por si mesma». Do ponto de vista do capital, essa classe é — nos termos exatos de Benjamin — uma «massa como tal» e seus interesses comuns ainda são simples interesses, isto é, pré-constituídos pelo próprio capital. «Na luta», escreve Marx, «essa massa se une e se constitui em classe por si mesma.» A autêntica constituição da classe não acontece assim antes da luta, nem por intermédio dela, mas *no meio* da luta (*dans la lutte*). No entanto, esta não é um simples confronto. Marx identifica o aspecto essencial da resistência operária: ela não tende à manutenção do salário, mas da coalizão. Com a coalizão, que «faz cessar a concorrência dos operários entre si», começa a solidariedade, começa, digamos, o relaxamento, e algo se torna invisível: «Tanto isso é verdade, que os economistas ingleses ficam completamente espantados por ver como os operários sacrificam boa parte do salário em favor das associações que, aos olhos dos economistas, foram instituídas apenas pelo favor do salário».

Por isso, «os comunistas», nas palavras do *Manifesto* (1848), «recusam-se a esconder seus pontos de vista e suas intenções»: aquilo que seus inimigos não conseguiriam em nenhum caso reconhecer é apenas o aspecto essencial da antinomia. A fórmula «não há um instante de trabalho que não possa não ser poupado» é, na verdade, a menos subjetiva, e precisamente nela se dissolve toda contradição entre indivíduo e coletividade. Não diz respeito aos pequenos em conjunto, e não diz: «não há um instante meu» ou «um instante de certo trabalho», ou «não há aqui, não há agora (para nós, que estamos aqui e agora ocupados) um instante...»; mas atinge o ilimitado e afirma: não há um instante... em que não exista um proletário para o qual não há um instante... em que não exista um proletário com o qual não se possa ser solidário. «Numa palavra, os comunistas apoiam, onde quer que seja, todo movimento revolucionário.»

Essa luta — uma «*solidariedade efetiva*, e não uma luta pelo domínio» (Jean Fallot, *Lutte de classe et morale marxiste*, 1969) — é então, ainda segundo a afirmação marxiana, *véritable guerre civile*. Subverte os antagonismos que regulam a sociedade capitalista, anunciando a sociedade sem classes. É na solidariedade que se prepara a última batalha, que «se unem e se desenvolvem todos os elementos necessários [...]. Uma vez chegados a este ponto, a associação assume um caráter político».

O que isso quer dizer? Mais uma vez é preciso lembrar Carl Schmitt: a guerra civil é para ele a possibilidade real e presente que constitui em sentido político o espaço estatal. A guerra, como possibilidade de uma «clara» e «concreta» distinção entre amigo e inimigo, é para ele o princípio interno de toda associação. Em Marx, pelo contrário, o princípio interno e o pressuposto da luta política é a solidariedade, isto é, a associação, e a luta é portanto destruição do Estado.

A (falsa) guerra civil é a regra da multidão (que o Estado acalma e organiza). A «verdadeira guerra civil» é obra da classe, que parece uma multidão só desde o exterior. Uma vez que não existe um exterior da solidariedade, uma vez que o exterior não constitui, em relação a ela, nem sequer um ponto de vista.

31. «*Se o perigo não vem dos assaltantes, vem de outro lado.*» É uma ideia trivial. Mas realiza a transformação da massa em multidão homicida, do medo difuso de 1789 em «angústia neurótica e persecutória (agressiva)», prepara a identificação afetiva com o *leader* e introduz a teoria conspiratória da história.

E se esta tem necessidade, segundo a célebre tese de Franz Neumann, de uma falsa consistência, de «um fundo de verdade», a proposição «*se o perigo não vem [...] vem de outro lado*» vai ainda mais além e diz: *verdadeira é justamente a angústia neurótica*; o verdadeiro perigo está em outro lado, uma vez que sempre vem de outro lado, e constitui-se a partir de sua ausência.

Se Neumann admite, no fundo de toda voz alarmista, uma ponta de verdade, por mais distorcida que seja depois, é porque aceita ainda antes, como óbvio, que o medo se funda no perigo. Mas *le péril vient d'ailleurs*, e também o pânico. Diremos que onde existe multidão, ou também massa à beira de se tornar multidão, *a condição elementar do medo não é de modo algum o perigo, mas a própria reação que ele suscita*. O efeito aparente é a causa real.

«Essa multidão indiferenciada [*dumpfe Menge*] talvez não espere um desastre grande o bastante para fazer faiscar a centelha de sua tensão, um incêndio ou o fim do mundo, algo capaz de transformar esse murmúrio abafado de milhares de vozes num único grito [...]?» (Benjamin, *Schönes Entsetzen*, 1929). Longos arrepios a balançam, fantasmas inumeráveis não deixam de conspirar, o grande corpo irritável se sobressalta, mas não são estratégias sutis que estão em jogo. O terror não as requer, mas vive de uma química elementar. Insinua-se certo medo, que aumenta a compressão, que torna aquele medo ainda mais agudo e real. O exercício de poder não consistirá em capturar, transformar ou guiar as ações — tarefa talvez impossível —, mas em impedir que qualquer uma delas aconteça, suscitando de antemão o mais amplo espectro de reações. Pois a inércia e a vingança se atraem reciprocamente. Excitáveis superficialmente, incapazes de agir, as massas comprimidas oscilam e distendem-se assim num mais profundo estado de torpor.

32. Sujeito típico do realismo do século XIX, a multidão, no entanto, tinha sido fixada por Goya nos olhos dos peregrinos a Santo Isidro: olhares carregados de «estupor sem esperança» (Mario Praz, *Mnemosyne*, 1971), registro terrível dos olhos arregalados em rostos que não poderiam despertar. Vacuidade que um dia, por fim, irá saber se manifestar e expandir-se por toda Paris: não é, na verdade, deserta, a cidade de Atget, é a cidade da multidão mais dominante e à qual ninguém parece escapar, cidade da multidão que em conjunto a sonha e nela não vê, portanto, mais ninguém.

Ainda é preciso dizer: esse lento e visionário torpor também vigora, e talvez acima de tudo, nos momentos de maior excitação. É um sono que não chega só agora na calma, que durava também antes, até nas grandes revoltas de outrora, nos momentos salientes em que batiam os tambores e se erguiam os gritos.

Esse sono foi depois o sonho do cinema. De fato, e ainda é preciso que se diga, se o meio cinematográfico pode ser tranquilizador para o poder é porque confirma e reproduz a exterioridade do ponto de vista. É daqui que a classe pode surgir apenas como multidão: quando a multidão forma uma cena. No escuro da sala, o cinema proporciona com efeito uma duração segura, uma estabilidade protegida daquele encanto que já Flaubert havia reconhecido, numa época em que, todavia, o espectador ficava exposto aos perigos: «Os tambores batiam no ataque. Erguiam-se gritos agudos, exclamações de triunfo. A multidão ondulava num turbilhão contínuo. Frédéric, apertado entre duas massas compactas, não se movia, mas estava fascinado e se divertia muito. Os feridos caíam, os mortos estendidos por

terra não tinham o ar de verdadeiros feridos, de verdadeiros mortos. Para ele, parecia estar assistindo a um espetáculo».

Na rápida mudança de planos, de luzes, nos movimentos da máquina, o cinema apenas isola esse estado de arriscada suspensão, distribuindo nas salas filas de Frédérics perplexos: enquanto projeta em cada imagem a aparência viva e flutuante da multidão, produz a multidão apavorada ou risonha, inerte e real, dos espectadores. Não é uma cabala de datas, o cinema nasce com a morte de Charcot: na verdade, abandonado por seu severo patrão, o Grand Hypnotisme pôde se reinventar no laboratório dos Lumières. A primeira sensação havia sido a do filósofo: já as artes clássicas pareciam, a Bergson, em 1889, sutis processos hipnóticos. Seu «progresso qualitativo» foi uma sensação comum, poderosa e irremissível: a sétima arte era a da sugestão como tal. «Basta olhar as pessoas que saem da sala de cinema», dizia Luis Buñuel (*Mon dernier soupir*, 1982), «sempre em silêncio, de cabeça baixa, ar ausente»; quando a triste multidão se dissolve na cidade, parece ter sofrido «uma espécie de encantamento, quase um estupro».

A conquista do estado de vigília, ou seja, a aquisição de uma consciência de classe, ou seja, a transformação da multidão em classe, consistirá assim no gesto oposto, num peculiar deslocamento, numa «entrada» que anule ao mesmo tempo a exterioridade do ponto de vista e a aparência espetacular.

Essa linha de fuga é possível? Podemos começar a traçá-la? Apenas a partir da posição de Frédéric, não. Para imaginar uma linha, é preciso pelo menos outro ponto.

33. Tímido. Ele é diferente deles, e fica um pouco afastado. Ele diz (como Kafka a Brod): «a massa amiga dá uma ajuda apenas nas revoluções, quando todos agem em conjunto e com simplicidade, mas, se acontece um pequeno levante sob uma luz difusa ao redor da mesa, eles o frustram».

Com eles, não é possível — escrevia Tarde — sentir-se confortável; não é possível «seguir o tom e a moda daquele ambiente, falar suas gírias, copiar os seus gestos». Ele nunca poderia, sobretudo, «abandonar-se a eles a ponto de perder toda a consciência desse abandono». O que o torna pouco sociável, sua timidez, mais do que uma inquietação é uma pequena vigília obstinada. Em que sono ele não poderia se perder?

Tarde acrescentava que a multidão é uma forma elementar de identificação, um fato social inferior. A sociedade, pelo contrário, é uma imitação difusa e contínua. Existem ideias-guia, indivíduos geniais, suprassociais, que sobressaem e se atraem como polos magnéticos e suscitam correntes imitativas. Existem assim sempre novas adaptações. Existe um fluxo vital e contínuo de adaptações às ideias, que geram sempre novas imitações e imitações por sua vez inventivas. Uma vez que inventar, para Tarde, é apenas se adaptar: seguir uma corrente do grande campo magnético até onde ela cruza com outra, e resolver a oposição entre ambas do modo mais simples, ou seja, mais facilmente imitável, dando assim lugar a um novo polo, em direção ao qual novas correntes poderão depois desviar. «O estado social, como o estado hipnótico, é tão somente uma forma do sonho [...]. Ter apenas ideias sugeridas e julgá-las espontâneas: tal é a ilusão do sonâmbulo, assim como a do homem social.» O social é o sono ilimitado das imitações inventivas.

A multidão, que segue qualquer um e não inventa nada, seria assim uma esclerose desse movimento. Mas voltemos à história de Taine: «Estão chegando dez mil, vinte mil assaltantes [...]». Essa primeira voz gera a multidão, e logo se revela falsa. Então uma segunda voz se ergue: «O perigo vem de outro lugar». E já é uma ideia sobre a multidão. Pois a multidão que retornava às vilas depois do falso alarme era uma turba desiludida e como que bloqueada, uma *foule en impasse*, sem saída: uma evidência que quase escapa à constatação (não se veem assaltantes) impedia que ela se dissolvesse. A segunda voz, que supera toda certeza e resiste a qualquer desmentido, é ao mesmo tempo uma imitação da primeira, uma adaptação e uma invenção. Do quê? Do perigo ilimitado. Seria possível observar que os camponeses franceses de 1789 retornam verdadeiramente a suas vilas, isto é, em sociedade, apenas graças a essa ideia. Ou melhor, que essa ideia faz da multidão um estágio momentâneo da sociedade; que graças a essa ideia a sociedade ilimitada retoma em seu interior a multidão; que a verdadeira voz alarmista, isto é, o perigo não simplesmente falso, mas de todo invisível, sempre iminente e na verdade inventado, recria de forma ilimitada a sociedade a partir da multidão. «Eis talvez a razão pela qual», e é ainda a voz de Tarde, «as pessoas que são consideradas selvagens, particularmente rebeldes a toda assimilação, a bem dizer insociáveis, permanecem tímidas por toda a vida: sujeitos semirrefratários ao sonambulismo.»

34. A timidez está aquém da imitação. O gênio é suprassocial e atrai novos fluxos imitativos. A solidariedade acorda do encanto do prestígio.

Com efeito, a singularidade inventiva do *meneur* era tão essencial ao modelo de Tarde que uma hipotética sociedade de gênios — oposta à multidão dos *menés* sem inventividade — era para ele marcada pela sombra mais uma vez ameaçadora e demolidora da anarquia, como uma infinita proliferação dos polos e, portanto, impossibilidade de qualquer atração magnética, paralisia definitiva ou mal absoluto da socialização.

A componente anárquica é, pelo contrário, distintiva da classe revolucionária, que reconhece no talento suprassocial um velho produto dos dispositivos de saber. Segundo uma inversão específica, nela o chefe não emerge para atrair para si; como ensina Benjamin, sua ação consiste sobretudo em se deixar absorver imediatamente, impedindo qualquer possível magnetismo. Pode-se pensar, então, numa genialidade nunca solitária como forma de atenção ou maneira diferente de perceber, na descoberta feliz do traço inusitado de cada gesto e de todos os gestos como invenção. Ser um dos 100 mil: pois nada neles deixa de ser singular; pois não há nenhum ato que não possa ser o ato inimitável da solidariedade, que relaxa e dissolve em nós os laços sociais.

Então, «quando todos agem em conjunto e com simplicidade», surge a essência das revoluções e de toda verdadeira revolta, indestrutível até no fracasso, dispersa e salva na recordação: «Fazia cerca de seis dias», escrevia Juan Goytisolo em *Para vivir aquí* (1960),

> que não havia um minuto de repouso. O ritmo da vida da cidade havia sido alterado bruscamente e no rosto dos homens e das mulheres que andavam pelas calçadas era possível ler um sinal seguro de decisão, de esperança. Uma muda

solidariedade nos unia a todos. Tínhamos descoberto que não estávamos sozinhos, e, depois de tantos anos de vergonha, aquela descoberta nos enchia de estupefação. Nossos olhares se cruzavam e eram olhares de cumplicidade. Os gestos mais insignificantes da vida de todos os dias, o simples fato de caminhar, assumiam um caráter insólito e quase miraculoso.

«As pessoas faziam seu trajeto de todos os dias em silêncio, e esse silêncio [...]» não intimidava.

35. A dialética de Marx, escreveu, entre outros, Jean Fallot, é uma dialética «do limite e do ilimitado, *ápeiron péiras*; a ideia do limite é tão importante para ela quanto para o materialismo antigo mais desenvolvido, o de Epicuro».

Em *Marx et le machinisme* (1966), Fallot retoma com efeito *O Capital* literalmente: «Chegado a certo ponto do desenvolvimento da produção, o aumento da duração da jornada de trabalho, principal meio para obter a mais-valia nos inícios do capitalismo, encontra, segundo a expressão de Marx, 'seu limite'». O capital apostará agora no aumento da intensidade do trabalho. Mas nem esta pode crescer até o infinito: também a força viva do trabalhador tem um limite objetivo. Portanto: «para a mais-valia absoluta, o problema é o do limite da jornada de trabalho; para a mais-valia relativa, é o do limite do tempo de trabalho necessário». A solução será a *produtividade*, ou a ciência como potência intelectual da produção: quando a duração e a intensidade chegam a seus limites, ela dá um passo no ilimitado. Ilimitado é assim o domínio da mais-valia ou da produtividade e das máquinas.

A técnica basilar dos turnos já continha um indicador; no entanto, ela buscava, ligando um turno a outro numa única grande jornada ininterrupta, anular o limite da duração, para depois se confrontar com o problema da intensidade. Ora, o que é fundamental no conceito de produtividade é que ela não elimina mas inclui (como justo repouso, justa alternância) tudo o que antes ficava fora dos limites. É essa a «potência intelectual da produção». E nisso *potência* quer dizer justamente: capacidade intelectual de absorver os limites da duração e da intensidade na própria produção; e *intelectual* quer dizer: nenhuma magia, o que existe é a nova força das máquinas, mas diante e antes dela há uma potência que não se deixa atemorizar — ainda que a «vergonha prometeica», a vergonha em relação aos meios técnicos estudada por Günther Anders, não seja uma fábula: seria também ela, de fato, nada mais do que um produto da própria potência intelectual, ou melhor, do domínio material-intelectual (a estrutura, suas expressões superestruturais, os reflexos destas sobre a primeira) do capital e da mais-valia; em suma, também sobre a «vergonha prometeica» é necessário dizer com Marx: «não provém das máquinas em si, mas do uso capitalista que delas é feito!». Não que seja possível um bom uso dos próprios produtos, mas: justamente porque no início está *aquele* uso, e *aqueles* produtos são os produtos e não os meios daquele uso, o uso não poderá deixar de ser vergonhoso.

Essa ciência da produção é assim uma potência ilimitada no exato sentido de Milner: de fato, a função da produtividade inclui cada instante dentre suas possíveis variantes, não existindo nada (seja em duração, seja em intensidade) nem ninguém («*exército* de reserva» quer dizer reserva sem limites, em que todos são a reserva de todos) em relação ao qual ela deixe de produzir sentido. É aí, no plano da produtividade, que a afirmação de Marx, «não resta nenhum limite da jornada de trabalho», não poderá ser desmentida: ela define, antes, exatamente a função de produtividade como função social.

A função marxista como função dialética consistirá, pelo contrário, em alcançar a antinomia *ápeiron péiras*, sabendo que só o ilimitado limita o ilimitado. A fórmula é mais uma vez esta: «Não há um instante de trabalho que não possa não ser poupado». O que isso quer dizer? Estranha poupança. A própria expressão é eivada de ironia. Mas há apenas uma expressão? Muito mais do que uma expressão é o princípio, tão real quanto irônico, da limitação ilimitada. Não se trata aqui nem de duração nem de intensidade. Na verdade, até Lafargue teve de admitir um mínimo de trabalho diário. Reivindicando a *paresse*, ele não pretendeu apenas reduzir esse trabalho ao estritamente necessário, mas o transformou numa atividade integralmente voltada para o ócio, buscando o ócio em cada um de seus instantes limitados. E é certo que a *paresse* desfez o triste par: *travail-loisir*. E não se deve esquecer este outro ensinamento de Milner: a burguesia em sua forma atual, a burguesia assalariada, é a classe que se adensa em torno do *ideal*, ou do que propriamente «torna opaca a diferença de natureza entre repouso, *loisir* e *otium*» (*Le Salaire de l'idéal*, 1997). Portanto, não há nada a objetar em relação à profunda inteligência de Lafargue. A não ser, talvez, isto: que entre um ócio e outro sempre resta trabalho por realizar, um trabalho que ainda é «primeiro meio» e não «primeira necessidade»; que existe precisamente um resto, portanto divisão, dicotomia ou relação, e ainda um fim, e ainda um par de opostos — tristeza e consolação, de novo os turnos.

Ao «não resta nenhum limite da jornada de trabalho», responderá apenas o «não há nem ao menos um instante que não possa não ser limitado». Ilimitada limitação: fórmula dialética mais do que irônica, ela exprime a ideia marxista do limite. E a ideia do limite — sugeria Fallot — é tão importante para o marxismo como era para o materialismo de Epicuro.

36. É preciso então reencontrar o nexo: dialética, solidariedade, limite, epicurismo. É preciso reencontrar, nos passos de Fallot, o prazer na solidariedade, o hedonismo na luta.

Numa passagem em nada excêntrica de *Pensée de l'Égypte antique* (1992), é possível ler: «A solidariedade como relação de massa é a realização de um longo caminho que permite ao ser humano não se associar de forma íntima com a organização econômica».

Anos antes, Fallot fechava *O prazer e a morte na filosofia de Epicuro* (a versão italiana, ampliada, de 1977) com um capítulo sobre a «redução do desejo», e, mais precisamente, com as palavras sobre sua modalidade marxista: esta

> consiste, graças à união entre teoria e práxis, em substituir aos poucos nossos desejos pessoais (de distinguir-se, de despontar, de possuir, de ter prazer) pelo sentido das necessidades das massas. Fundir-se com as massas, unir-se ao tronco das massas: quantas vezes não ouvimos essas expressões, que, objetivamente, têm um sentido político preciso, uma vez que são as massas que fazem a história, mas têm até um sentido moral, subjetivamente — o sentido de reduzir nossos desejos pessoais e insignificantes fundindo-os no imenso mar das necessidades dos que são explorados e escravizados.

La Science de lutte de classe (1973) continha um breve parágrafo sobre «o hedonismo antigo e moderno e as necessidades das massas»: o materialismo antigo voltado para a satisfação das necessidades naturais aqui se torna histórico, e a própria noção de natureza se torna impensável sem a noção da relação social de produção. Assim, os princípios do hedonismo epicurista podem ser alcançados «a partir de outras premissas, que lhes dão um significado revolucionário»: a satisfação «das necessidades naturais de todos, e, antes de tudo, dos produtores: o hedonismo proletário».

Ainda antes, porém, *Lutte de classe et morale marxiste* abordava outro problema. Assim como o comunismo inventa relações de produção diferentes das baseadas na propriedade, é preciso afirmar outra moral em vez da dos juros: nesse sentido, a existência da solidariedade devia corresponder «à própria existência do proletariado, cuja exploração se tornou possível apenas pelo aviltamento, pela debilidade, pela rivalidade interna de seus membros para chegar individualmente à condição burguesa, para desertar (é o termo várias vezes usado pelo jovem Marx) de sua classe economicamente (em relação à riqueza), para abandonar a luta de classes politicamente, para não ser solidário moralmente». Portanto, não só um sentido moral subjetivo acompanha o sentido político concreto; mas a própria revolução como moral, contra a do burguês e a imoralidade do desertor. Um magistério, portanto? Em 1972, *Lutte de classe* era traduzido para o italiano. Fallot a ele acrescentou uma introdução, que era também uma decidida autocrítica: «A 'massa' permanece anônima, indiferenciada [...]. Um marxista-massa nunca teria escrito uma 'moral marxista', nunca teria pensado em fazê-lo. Para poder pensar uma moral marxista (não pelo fato de tê-la ou de segui-la) é necessário pensar em si próprio, extrapolar-se como indivíduo [...]. Meu erro foi um erro de esteta». Nenhuma moral aqui, e nenhum mestre, onde «estetismo» quer dizer deserção, «deserção» quer dizer desejo de emergir do anonimato, «anonimato» quer dizer prazer.

37. A história do biopoder ensina que o paradigma da segurança em que se baseiam também os atuais dispositivos de controle age projetando um espectro variado de temores: governar significa gerir os desejos animando os medos, separar assim de nossa vida a fantasmagoria de uma existência desejável ou, o que é o mesmo, temível. Assim, «toda segurança é conquistada por uma insegurança e gera uma nova insegurança» (Helmut Plessner, *Macht und menschliche Natur*, 1931). A fórmula define um campo de tensão, o espaço de uma batalha ininterrupta. Medos e aspirações defrontam-se ao longo das linhas dos antagonismos sociais: estas são feixes amplos ou restritos, orlas ou zonas compactas, sutilíssimos eixos de simetria das esperanças e das angústias, resultantes, e de qualquer modo instáveis, das pressões acumuladas. A instabilidade, da qual todo bom governo se alimenta, é assim a matriz de todo o espaço social — a multidão é sua manifestação mais pura. Pasquale Rossi a seu modo havia intuído isso quando (em *Sociologia e psicologia collettiva*, 1904) atribuía à psicologia da multidão um papel primário e um caráter sintético no plano das ciências sociais, e quando, ainda antes (*L'animo della folla*, 1898), representava a sociedade como um *continuum* qualitativamente homogêneo, e suas diferentes formações como os «anéis de uma cadeia, sendo o primeiro a multidão e o último o Estado». O chamado «agregado

instável» de fato é apenas uma agregação da própria instabilidade — daí seu primado.

Reler Fallot hoje significa poder opor a esse desenho sufocante uma diferente estratégia, aquela anunciada em Atenas pelo «filósofo que talvez tenha sido o mais audaz de todos, porque foi o mais lúcido». O que é, na visão de Epicuro, o desejo, e como surge? É ausência de prazer, nasce quando a imediatez da sensação e do gozo se rompe dando lugar a uma sede inesgotável e infeliz, ao medo da falta de satisfação ou às paixões, que são depois desejos sedentários, desejos «que fazem crescer a pança». Portanto, é preciso — é o primeiro princípio hedonista — rebelar-se contra todas as separações, reencontrar o prazer em sua expectativa como na satisfação de toda necessidade natural. Já que o fundo da própria vida é puro prazer, silêncio de todo desejo e de toda angústia ou paixão. Trata-se assim de cultivar uma moral da fruição contra a moral cristã, e lúgubre, das penas que lhe sucedem; de alcançar a ataraxia não na renúncia, mas superando a luxúria; de manter a excitação no interior de seu limite para que o prazer não diminua; de tornar mais lento o prazer para se abandonar a ele como nem os luxuriosos sabem fazer. Atingir o limite do desejo significa para o epicurista libertar-se das inquietações e das ilusões, ser sábio, e filósofo. Isto é, ter uma ideia nova do tempo, não confundir o tempo eterno, que é relação entre os movimentos dos corpos, com o que está em nós (o movimento de nossas sensações), e saber assim que nenhum tempo sobrevive a nós, mas apenas a relação dos corpos e dos astros. Se a duração não é o objetivo da vida, não se pode ter medo de perdê-la. Não há duração, não há angústia. «Epicuro libertou a vida do destino», escrevia Fallot na primeira versão de *Le Plaisir et la mort dans la philosophie d'Épicure* (1951), «para conjugá-la com o prazer. A morte não é mais o último golpe de um destino que não existe.» Em que se manifesta essa libertação? Na amizade: da qual o prazer é inseparável, porque «não é exterior às nossas necessidades». Uma vez que não se deve desejar a segurança, é possível encontrá-la na amizade, que não se reduz à utilidade: «Não precisamos tanto da ajuda dos amigos», diz Epicuro, «quanto da confiança na ajuda deles».

Ora, a atualidade da amizade ou da libertação epicurista está para Fallot na solidariedade revolucionária. Como limitar o desejo, como reencontrar o puro prazer ou a própria vida como prazer no domínio biopolítico, em que toda vida se torna pelo contrário desejável? Quando a pressão dos antagonismos potencializa e alimenta os desejos, só uma dinâmica exatamente contrária poderia alcançar seu limite, atingindo o prazer como tal. A antiga concepção materialista da natureza, da vida natural como prazer, adquire assim, justamente na solidariedade, um caráter histórico: se o hedonista epicurista sabia que «o prazer não é objetivo do desejo, mas é o efeito da necessidade quando é satisfeito», o hedonista marxista sabe que desejar é temer uma necessidade insatisfeita e que justamente o dispositivo social que assegura e torna a vida desejável não poderá renunciar à mais ou menos cruel negação das necessidades. Que justamente essa negação está na base de toda economia política é algo que, por sua vez, os teóricos do século XVIII já haviam afirmado com clareza. Pietro Verri, por exemplo, reconhecia na dor «o primeiro motor» da máquina do governo e, assim, definia o prazer negativamente, como «*rápida cessação da dor*» (*Sull'indole del piacere e del dolore*, 1773). É com essas concepções que se deve medir a concepção plenamente positiva do hedonismo. Ela sabe que quando a economia política domina não pode existir nada de natural, mas só o mitologema da «natureza», nada de «vital», mas só o mitologema da vida; abolir assim todo limiar de segurança significa reconhecer que não deixarei de desejar e de temer enquanto minha vida parecer desejável, e descobrir assim, de maneira dialética, o limite de meu desejo na extinção de uma necessidade que não será mais a minha. O prazer será apenas um breve e desejável intervalo, existirão esperança e temor e antagonismo e mito enquanto a satisfação de uma necessidade for negada. Não há, porém, pela mesma razão, nenhum desejo que não possa ser limitado, não há medo que não possa extinguir-se no mar ilimitado das necessidades daqueles que são explorados e escravizados. Dessa forma, nada de altruísmo, só hedonismo. Nada de moralismo, mais uma vez apenas anonimato do prazer.

Recapitulação: quando o antagonismo restringe as necessidades aos desejos, o prazer só pode acontecer no relaxamento, a ação solidária pode ser apenas hedonista. Quando todo desejo é expressão da ilimitada economia das inseguranças, quando cada necessidade pressiona a outra como o desejo mais ansioso, a limitação hedonista pode acontecer unicamente na massa ilimitada das necessidades: hedonismo e solidariedade coincidem no relaxamento da massa. Se, por fim, a multidão, instável e comprimida, é a matriz do Estado, a classe revolucionária como relaxamento interno é o prelúdio do «sem classes» — essa é a expressão do prazer absoluto e, de fato, privado de inquietações, fórmula anárquica da ataraxia social.

38. O que faz o trabalhador de Marx quando enfrenta o capitalista? De que modo se dá o embate com ele? *Como* pode tornar sua voz audível, transformar no verdadeiro conflito de

classe uma questão que seria insignificante para o capital? O que é que ele afirma acima de tudo? Marx explica ao mesmo tempo o «o quê» e o «como». A luta de classes é também uma questão de forma. «Homem, jamais dizer 'eu'!», proclama a divisa do humanista burguês. O operário fala, pelo contrário, na primeira pessoa: «*Quero administrar meu único patrimônio*, a força de trabalho, como um racional e parcimonioso poupador, e quero me abster de esbanjá-la». Vimos como essa sua ideia da poupança é profundamente irônica. Qualquer economista com bom senso, explica Marx nos *Grundrisse*, sempre aconselha os operários a poupar: «a pretensão é que eles mantenham sempre um teor de vida mínimo para aliviar a crise aos capitalistas etc. Que se comportem como pura máquina de trabalho e possivelmente paguem de seu próprio bolso seu desgaste». Por outro lado, é óbvio que, se seguissem à risca o conselho, de fato limitando os consumos ao mínimo, os operários apenas prejudicariam a si mesmos: «Propondo-se fazer da riqueza, e não do valor de uso, seu objetivo, [o trabalhador] não conseguiria nenhuma riqueza, mas além disso perderia também o valor de uso».

Ora, a luta de classes deve ser pensada a partir daqui, dessa recusa sarcástica e nítida de toda «poupança» e de toda «riqueza», que é também um falar na primeira pessoa e, como tal, exprime ao mesmo tempo *a recusa incondicionada de toda mediação*. Riqueza e mediação de fato formam uma dualidade inseparável:

> É importante observar que a riqueza como tal, isto é, a riqueza burguesa, sempre é expressada com a máxima potência no valor de troca, em que ela é colocada como *mediadora*, como mediação entre os extremos que são o valor de troca

e o valor de uso. Esse termo médio aparece como a relação

econômica completa, porque abarca os opostos e finalmente se configura sempre como uma potência unilateralmente superior em relação aos próprios extremos.

Assim, com uma de suas mais potentes incursões no coração do sistema hegeliano, Marx subtrai a «riqueza» ao desenvolvimento que, por meio da experiência da alienação e do dilaceramento mais profundo, deveria reconduzir o Si ao interior de si. Aí não há nenhuma «consciência nobre» que reconheça na riqueza a alienação de «seu Si como tal», que apreenda «seu Si em poder de uma vontade estranha». Pelo contrário, é a própria mediação que — êxtase do capital — se isola e dá espetáculo: «o movimento, ou a relação que *originariamente* se apresenta como mediação entre os extremos, conduz dialética e necessariamente à situação em que esse movimento surge como mediação consigo mesmo, como o sujeito cujos momentos são apenas os extremos, ao qual ele suprime o caráter pressuposto autônomo para se colocar, por meio da superação desses extremos, como o único momento autônomo». De modo bastante significativo, nesse ponto Marx aproxima a esfera religiosa à esfera propriamente econômica: Cristo, mediador entre Deus e o homem, torna-se mais importante do que Deus, os santos mais importantes do que Cristo, e os padres mais importantes do que os santos; assim acontece na economia, por exemplo, no comércio, no qual o comerciante desempenha o papel de termo médio superior. A figura «extrema» da mediação é aqui o financista, que se coloca entre o Estado e a sociedade burguesa em seu máximo nível de desenvolvimento.

Essa descoberta da autonomia do momento médio na dialética materialista equivale em Marx à substituição da fórmula tradicional «capital-juros» pela fórmula crítica «capital-lucro». «*A riqueza como tal*» agora se revela uma forma superior de mediação que, cada vez mais afastada da produção, «coloca por todos os lados a forma inferior como trabalho, como simples fonte da mais-valia». A mágica expressão capital-juros, com sua «oculta faculdade de restituir um valor diferente de si mesmo», dissimulava a mediação: a fórmula capital-lucro destrói a magia da riqueza.

Todavia, as maneiras dessa ilusão são múltiplas. Tantos são os ilusionistas possíveis quanto diferentes são seus fascínios, às vezes tétricos:

> Os forasteiros eram levados para diante da mais mesquinha, imunda, amarelada e insignificante parede de tijolos que se possa imaginar, com duas fileiras de janelas sem adornos, e eram exortados a olhar e admirar a simplicidade do quartel-general da grande força financeira do século. A palavra POUPANÇA, em letras gigantes e douradas, e duas enormes placas de metal semelhantes a escudos em cada lado da porta, eram as únicas coisas que brilhavam na sede dos negócios de De Barral. Ninguém sabia quais operações aconteciam no interior, exceto esta: se alguém entrava e entregava dinheiro no balcão, alguém o recebia com cuidado e lhe dava recibo.

Toda a impassível, ruinosa e final nulidade de cada «termo médio superior» se condensa no De Barral de Joseph Conrad (*Chance*, 1913). Ele «era apenas um signo, um símbolo. Nada existia nele. Justamente naquele momento entra na moda a palavra 'poupança'. Você sabe da força das palavras». Não exatamente vazia, mas fervilhante nulidade do financista, turba triste e inumerável dos pequenos enganados, e no fundo de tudo ainda se avista o trabalho.

Justamente a De Barral, que é só um símbolo, pode caber de fato também o papel do mediador-sindicalista, que em negociações mais ou menos misteriosas gerencia uma poupança insolúvel por definição, aquela de quem é sempre «virtualmente *pobre*». Ele se afasta de bom grado dos lugares de produção, mas não fica escondido. É certo que nem se dá a ver entre aqueles que se diriam verdadeiros grevistas, mas sobretudo em concentrações e triunfos fúteis: «Obtivemos o mesmo salário de antes, aumentando as horas de trabalho!» — e aplaude agora a solícita e velha multidão melvilliana de *Rich Man's Crumbs* (1854).

Pelo contrário, o operário de Marx fala na primeira pessoa e por si próprio, não é movido por nenhum interesse assistencial nem espera por ele, recusa essa «poupança» e pergunta: «Você me prega a abstinência?». Assim pergunta ao capitalista como a qualquer mediador, padre ou vigilante que apareça diante dele. Justamente quando diz «eu», ele é solidário, estranho à dialética do capital, já é classe.

39. Com o mesmo gesto com que elaborou o problema da jornada de trabalho, Marx fez reaparecer o conceito de população no centro da sociedade burguesa. A polêmica com Malthus, um autor que ele abertamente desprezava, é instrumental e tem uma função precisa: retomar a velha teoria da população exatamente onde é formulada do «ponto de vista brutal do capital», para libertá-la dos pressupostos míticos, de suas constantes a-históricas, para libertar o conceito de *superpopulação* de toda

aparência de «fato homogêneo»; voltar portanto ao conceito de população para mostrar como a superpopulação agora se produz nela «de um modo que não encontramos em nenhum período anterior da humanidade», isto é, de um modo coerente com o «grande papel histórico do capital», que é o de *«criar trabalho excedente»*. O enigma da autoprodução de uma população excedente de fato se resolve exatamente como se resolve o mistério da autovalorização do capital: em sua capacidade de dispor de determinada quantidade de trabalho não retribuído de outrem, isto é, de mais-valia.

Ao trabalho excedente corresponderá, explica Marx, uma população excedente. Esta é um produto necessário da acumulação capitalista, mas ao mesmo tempo é uma condição de sua existência; portanto, ela é produto e ao mesmo tempo condição necessária do desenvolvimento da força produtiva do trabalho *dentro dos limites da produção capitalista*. Expansão (ou contração) repentina da escala de produção, alternância do ciclo industrial, força e elasticidade das máquinas, aumento das trocas e progresso da ciência, tudo requer a maior e mais imediata disponibilidade de força de trabalho: «em todos esses casos, grandes massas de homens devem ser deslocáveis subitamente nos pontos decisivos, sem prejuízo da escala de produção em outras esferas; é a superpopulação que fornece essas massas». Não é preciso insistir sobre a atualidade dessas palavras. O espaço-população, domínio político do capital, implica sempre um excesso. Paris sempre será insegura, a superpopulação é seu produto e sua condição de existência.

40. Os autores do século XVIII dividiam a noção de população em justa ou verdadeira e em falsa ou aparente. Marx

mostra que essa divisão corresponde à cisão da jornada do operário em trabalho necessário e trabalho excedente. Sabemos que, quando a porção de trabalho excedente atinge o limite máximo da duração, volta então, por assim dizer, atrás e começa a se expandir, limitando o tempo de trabalho necessário. A mais-valia relativa é justamente esta, o aumento da mais-valia como diminuição do trabalho necessário: assim — explica Marx —, produção contínua de *força de trabalho supérflua*. A lei da superpopulação no domínio ilimitado do capital é exposta nos *Grundrisse* da seguinte maneira:

> Uma vez que o desenvolvimento da força produtiva criado necessariamente pelo capital consiste em aumentar o trabalho excedente em relação ao necessário, ou em diminuir a porção de trabalho necessário requerida por dada quantidade de trabalho excedente, então [...] uma parte dessas capacidades de trabalho deve se tornar supérflua, na medida em que uma porção delas basta para realizar a quantidade de trabalho excedente para a qual antes eram todas necessárias [...]. A diminuição do trabalho relativamente necessário se apresenta como aumento das capacidades de trabalho relativamente supérfluas, ou seja, como criação de população excedente.

Ora, introduzindo o conceito de mais-valia, Marx havia escrito:

> Em geral, a mais-valia é um valor superior ao equivalente. Por definição, o equivalente é apenas a identidade do valor em relação a si mesmo [...]. Se o operário tem necessidade apenas de meio dia de trabalho para viver um dia inteiro, o operário

precisa trabalhar meio dia. A segunda metade da jornada de trabalho é trabalho forçado, trabalho excedente. Aquilo que do lado do capital surge como mais-valia, do lado do operário surge exatamente como mais-valia que vai além de sua necessidade de operário e, portanto, além de sua necessidade imediata de se conservar como ser vivo [*Lebendigkeit*].

Quando se dá a mais-valia relativa, quando aquilo que «está além» da necessidade aumenta em prejuízo do que é estritamente ligado à necessidade, é uma parte da *Lebendigkeit* que entra em erosão. Em que sentido? Não se trata da meia jornada que ficaria por viver sem trabalhar. Esta já está nas mãos do capitalista, já que a mais-valia absoluta precede a relativa, o limite máximo da duração já foi alcançado: as porções que se tornarão agora disponíveis não são os momentos realmente livres desse «antes» ideal, mas são produzidas pela própria mais-valia relativa; elas não libertam, mas *ocupam* um espaço, insistem em certo tempo, sobrepõem-se a algo mais, limitando-o por sua vez. A que se sobrepõem? Mais uma vez, à própria *Lebendigkeit*. Só que esse ser vivo no momento mesmo em que é atacado, ofendido, deixa de pertencer apenas ao indivíduo particular. Se aquilo que do ponto de vista do capital surge como mais-valia é para o operário apenas trabalho excedente, então aquilo que do ponto de vista do capital é superpopulação, exército de reserva, do ponto de vista do operário é — nada mais que um produto da mais-valia — classe. O que é atacado pela mais-valia relativa e ainda mais pelo *loisir* é a *Lebendigkeit* de outros pertencentes à classe. Numa definição menos rudimentar: quando há mais-valia relativa, essa *Lebendigkeit* coincide com a classe explorada como tal. O ser vivo do operário se torna classe.

41. No domínio do capital, o trabalho produz pobreza, e produz uma (super)população privada das necessidades elementares. Por isso, quando o operário enfrenta em primeira pessoa o capitalista e leva o confronto sobre a jornada de trabalho até a antinomia, ele já é solidário. Quando, pelo contrário, fica aquém da antinomia, não age de maneira revolucionária, não há nenhuma classe. Esse segundo operário, que obterá pobreza para si e para os outros, pertence à multidão. Não fala propriamente em primeira pessoa, mas age sob sugestão e é dominado pelo medo. No entanto, agora também o medo e a sugestão desvelam o mistério que lhes é próprio. E não se vê nenhum Édipo por esses lados. Produto da mais-valia, a superpopulação produz aquela coação silenciosa sobre a qual fala Marx no capítulo do primeiro livro do *Capital* sobre a «chamada acumulação originária»:

> À medida que a produção capitalista progride, desenvolve-se uma classe operária que, por educação, tradição, hábito, reconhece como leis naturais óbvias as exigências desse modo de produção. A organização do processo capitalista desenvolvido quebra toda resistência; a constante lei de produção de uma superpopulação relativa mantém a lei da oferta e da procura de trabalho, e, portanto, o salário do trabalho, dentro de uma linha que corresponde às necessidades de valorização do capital; a silenciosa coação das relações econômicas sela o domínio do capitalista sobre o operário.

Se o marxismo quebra a curva harmoniosa desse desenvolvimento, se quebra seu sombrio fatalismo, é justamente porque — ao contrário do que julgou Emmanuel Lévinas (*Quelques réflexions sur la philosophie de l'hitlérisme*, 1934) — concebe a situação em que o homem se encontra não como algo que «a ele se acrescenta», mas como o que constitui «o próprio fundamento de seu ser». *De fato, nada se acrescenta ao homem desde o exterior, onde seu próprio ser, sua própria «Lebendigkeit», é algo histórico.* «*Lebendigkeit*» é uma palavra-chave. Marx não usa *Leben*, que seria já uma hipóstase, mas um termo próximo de *Lebhaftigkeit*, que indica assim a pura qualidade do ser vivo, ou a vivacidade como característica e modo próprio do viver. Aquilo que se «acrescenta» ao homem é precisamente aquilo que surge como natural: só o fato é parasitário. Mas o segredo — o *a priori* histórico — da *Lebendigkeit* é recolocado e desvelado nas relações de produção. Nenhum biologismo em Marx, tal como nenhuma hipóstase da vida, nem mesmo sob a forma de uma partilha originária, de um ser como ser em comum, de uma partilha da vida como tal. A vida como tal tal é um mito. Não a solidariedade. Mais uma vez: nas condições de exploração capitalista, enquanto se der a mais-valia, enquanto se der a mais-valia relativa, ela é *Lebendigkeit* de classe.

Desse modo, a superpopulação, o exército de reserva, pressiona a multidão, prisioneira do mais perigoso estado de torpor. Mas a superpopulação — contramovimento marxista — é apenas a classe, e à silenciosa coação pode responder e opor o relaxamento, a «muda solidariedade».

«Para além do sacrifício deve haver algo mais.» O fundo da própria vida — voltando a Epicuro e a Fallot — é puro prazer, silêncio de todo desejo e de toda angústia ou paixão. O estranhamento, que conduz o indivíduo à renúncia, transforma o indivíduo em classe. Só na luta deixa de haver superpopulação.

O ser vivo ofendido e mutilado, a *Lebendigkeit*, fundo ou vitalidade da vida, apela na solidariedade ao «sem classes».

42. «A grande indústria reúne num lugar uma multidão de pessoas desconhecidas umas das outras.» Aqui, a palavra «lugar» (*endroit*) não se refere apenas aos muros da velha fábrica; ela dita antes um sentido de todo novo às palavras «fábrica», «muros», e afirma o princípio segundo o qual o que vale no interior da fábrica vale no interior da sociedade (a fórmula de Marx, seria possível arriscar, encontrou no conceito de «diagrama abstrato» sua interpretação mais rigorosa).

Lembramos as palavras de Furio Jesi sobre a revolta e a cidade, mas não as de Max Horkheimer escritas nos últimos tempos de Weimar:

> Enquanto alguém permanece no interior da sociedade, ou seja, enquanto ocupa uma posição respeitada e não entra em contradição com a sociedade, não percebe os aspectos decisivos de sua essência [...]. O modo como, em tempos de insurreição, a polícia atua contra os operários, as pancadas com a coronha da espingarda nos desempregados que caíram em suas mãos, o tom e a voz com que o guarda da fábrica trata quem procura trabalho, os lugares do trabalho forçado e a prisão desvelam como limite justamente o espaço em que vivemos (*Dämmerung*, 1934).

Todas essas violências e essas vozes animam o primeiro livro do *Capital*, ressoam como exemplo nas páginas sobre a «*depreciação da força de trabalho* mediante o mero abuso da força de trabalho feminina ou das crianças», tal como nas páginas dedicadas à «legislação sobre as fábricas», às comissões de inquérito em que os operários são chamados a testemunhar perante júris formados pelos próprios patrões: «o tipo de interrogatório faz lembrar os exames em contraditório perante os tribunais ingleses, nos quais o advogado procura confundir e intimidar a testemunha [...] e arrancar-lhe as palavras da boca».

Também no rastro dessas vozes hesitantes o paradigma marxiano do *endroit* não cessa, hoje, de desvelar os limites do espaço social. Regular, gerir, administrar os fluxos migratórios, aprovar tacitamente, deixar fazer, simplesmente assistir ou votar... são funções mais ou menos passivas ou respeitáveis, e as condições com base nas quais podem ser exercidas são as mesmas que desencadeiam a pior reação e o ódio racista. As funções democráticas, não contraditórias, no entanto, cada vez mais se revelam mais abertamente afins das manifestações de uma multidão vingativa. Aliás, essa mesma evidência agora se oferece como uma cortina impenetrável, portanto, como um forro defensivo a quem se mantém, prudente, no meio da sociedade.

Há tempos vigorava o modelo clássico das formações sociais: quando o primeiro círculo, relativamente pequeno e fechado, estranho e antagonista aos círculos vizinhos, se alarga, quando, nas palavras de Simmel, «o grupo cresce [...], sua unidade interna imediata se relaxa e a nitidez dos confins originários é mitigada por relações e conexões com outros grupos»; tanto o Estado quanto o cristianismo, tanto as corporações quanto os partidos políticos teriam se desenvolvido seguindo esse esquema geral da coesão e das proximidades cada vez mais amplas. Mas uma inversão era previsível, dado que a contração súbita faz parte da mesma lógica. Assim, a proximidade espacial, a vizinhança física, que de Tarde a Canetti sempre foi reconhecida como condição necessária da multidão, é mais

uma vez afirmada nas retóricas do solo, fonte de vida perene e partilhada pelo grupo: solo doméstico, *endroit sécuritaire*, ora regional ou nacional, italiano ou europeu, comunidade, pequena ou grande Caríntia assediada e bem defendida. É a multidão comprimida, pronta para explodir e se dissolver, que deve sempre «lutar pela própria vida», isto é, «continuamente 'contra' os outros». Na visão que lhe é própria, massas estrangeiras cada vez maiores batem sem trégua às portas. Tudo é um jogo de densidade, e o inimigo será de uma só vez o mais próximo. Na visão que não é própria da multidão, do ponto de vista estranho às mitologias securitárias, o espaço político se revela, pelo contrário, uma grande superfície matizada: segundo o modelo de Deznài, a urbanização é completa, «a luta pelo equilíbrio interno e pela segurança urbana» está em curso por toda parte, e é possível ver manchas mais ou menos intensas, compressões, pequenas famílias aguerridas que erguem barreiras de todo tipo.

Ainda hoje, em todas as suas formas, a «verdadeira luta civil» só pode ser uma dissolução dos próprios confins biopolíticos, um relaxamento dos interesses com base no qual também a afirmação de Deleuze e Guattari admite ser invertida: *il y a toujours la carte variable de la classe sous la reproduction des masses.*

43. Todo gesto revolucionário é para Benjamin «uma questão de técnica», entendida como capacidade de dominar os instantes críticos, de máximo perigo: «se a liquidação da burguesia não for realizada num ponto quase exatamente calculável do desenvolvimento econômico [...] tudo será perdido [...]. Antes que a faísca atinja a dinamite, o pavio aceso é cortado» (*Einbahnstrasse*, 1928).

Trata-se de agir antes que a multidão exploda, com seu ódio reativo. É o instante decisivo, no qual em lugar dos relaxamentos podem acontecer novas compressões. Trata-se de fenômenos variáveis, em movimento, e a própria técnica (Benjamin pensa também no cinema) é um fenômeno em movimento. É certo que exemplos não faltam, e se sabe que nas situações extremamente críticas também na massa, em aparência mais compacta, algo se produz. Num sentido ou em outro.

Um primeiro caso é analisado por Bruno Bettelheim (*The Informed Heart*, 1960) e diz respeito ao *Lager*. Aí, os nazistas descobrem uma tentativa de fuga: reúnem por isso os prisioneiros no espaço central e começam uma de suas intermináveis chamadas. Há uma tempestade de neve, e os prisioneiros já tinham trabalhado doze horas sem abrigo, quase sem comida.

> Quando mais de vinte já haviam morrido congelados, a disciplina é rompida. A resistência aberta era impossível [...]. O indivíduo como tal devia assim desaparecer na massa [...]. A partir desse momento as ameaças dos guardas deixaram de ter efeito [para os prisioneiros] [...], era como se aquilo que estava acontecendo não acontecesse «realmente». Em cada um deles se produz uma espécie de cisão [...] enquanto, por um lado, o prisioneiro permanecia plenamente participante daquela experiência, por outro, parecia não se interessar por ela [...], como se fosse um observador distante. Por mais terrível que fosse a situação, os prisioneiros se sentiam, como indivíduos, libertos do terror, e, como massa, poderosos, porque «nem a Gestapo pode matar todos nós esta noite» [...]. A gravidade da situação havia libertado o indivíduo da preocupação de ter de se proteger e o levara a formar com os outros uma

massa compacta [...]. Antes que essa mudança tivesse se manifestado [...], o fato de não poderem ajudar os companheiros tinha abalado os prisioneiros, enfraquecendo neles a vontade. Uma vez perdida a esperança de sobreviver, torna-se mais fácil para eles [...] ajudar os outros [...]. Na prática, os SS tinham perdido seu poder.

Não se trata, mais uma vez, da «inversão do medo de serem atingidos», mas de algo que excede também esse fenômeno e o consequente efeito de alívio que assumiria «proporções vistosas nas massas particularmente densas» (Canetti). De fato, o que aqui está em causa é uma paradoxal transformação da própria massa: uma ausência de temor alcançada no momento do perigo extremo e, na máxima proximidade física, justamente a imposta no *Lager*, uma espécie de superação por excesso da própria densidade. A massa já formada e enquadrada no medo torna-se aqui ainda mais compacta, torna-se de tal modo compacta que o indivíduo, não podendo opor nenhuma resistência, desaparece completamente nela. Ora, a função de massa deixa de ser o correlato da função individual. Diante do indivíduo não está mais a coletividade, uma vez que ele já não é um indivíduo. Ao contrário da multidão reunida no pânico, e na qual apenas angústia solitária encontra conforto, essa massa solidária não tem medo, pois ninguém tem mais nada a temer por si.

Ainda assim, no entanto, acontecerá a inversão simples, momentânea, do medo em seu aparente oposto. De fato,

> o problema do medo é difícil. A maioria das pessoas só teme e considera perigosos os alarmistas convictos [...]. E, no que diz respeito aos que já são meio conscientes, quando se

reúnem aos milhares esquecem que se reuniram para ter medo em conjunto e para poder fazer qualquer coisa contra os que metem medo. Isso porque, de fato, tão logo se encontram em centenas de milhares, logo nasce uma divertida festa popular. Então, há as salsichas [...]. E depois vêm as guitarras. E onde começam, aí começa a estupidez coletiva.

O motivo pelo qual as pessoas se reuniram é a ameaça da destruição total. Mas, «quando milhares de pessoas se reúnem, então automaticamente se instala a coragem. No alvoroço em que se agitam, bem cedo se esquecem de que existe Tchernóbil» (Günther Anders, *Gewalt — ja oder nein*, 1987). Essa pouco admirável coragem de que fala Anders é o pânico perante o medo que se desencadeia segundo um automatismo completamente previsível. Seu gatilho é também o medo da perda do mundo. Mas a perda do mundo para essa massa *ainda é apenas um medo*, e desse modo um pequeno medo individual. E mesquinho, como o eu que o experimenta também o é diante do evento que o causa. A «coragem» coletiva em que esse medo se converte, todavia, é a mais violenta, uma vez que prolonga e reforça a ameaça, dissimula-a e torna-a assim cada vez mais iminente. Antes de Hiroshima, antes de se tornar o filósofo do mundo sem homens, Anders foi o filósofo do homem sem mundo. Talvez a produção de um mundo sem homens só possa acontecer por obra dos homens que têm — ou, pouco importa, que acreditam ainda ter — um mundo e que, por isso, têm medo de perdê-lo, quando de fato tal produção só pode ser combatida pelos «homens sem mundo». Anders foi aluno de Heidegger, e o tema da perda do mundo é em certa medida de ascendência heideggeriana.

Como é verdade que *Sein und Zeit* gira, a seu modo, em torno do problema do estranhamento que «estava no ar» (como disse depois Lukács) nos anos da *Geschichte und Klassenbewusstsein*. Todavia, em polêmica com Heidegger, Anders certa vez escreveu:

> *A expressão «homem sem mundo» define uma condição de classe*. A afirmação — entendida por Heidegger como [...] universalmente válida — segundo a qual o «ser-aí» (o ser específico do homem) significa *eo ipso* «ser-no-mundo» refere-se de forma exclusiva ao homem pertencente à classe dominante [...]. Quem contradiz essa afirmação, dizendo que «o mundo da pobreza» é fundamentalmente um «mundo», adota um conceito de mundo completamente vazio e não merece uma refutação explícita, mas sim apenas aquele escárnio que Marx reservava a Stirner, quando dizia que este provavelmente não teria hesitado em definir o esfomeado como «proprietário de sua fome» (*Mensch ohne Welt*, 1984).

44. «A classe proprietária e a classe do proletariado apresentam a mesma autoalienação humana. Mas a primeira classe — como se lê na *Sagrada Família* — sente-se à vontade e confirmada nessa autoalienação [...], a segunda [...] sente-se anulada [...] vê nela sua impotência.»

Também a análise dessa segunda forma de estranhamento exigia a dignidade teórica da *Phänomenologie des Geistes*. O jovem Lukács se dá conta, porém, de que o fato de ter de novo enxertado a dialética hegeliana em Marx — e ter feito de Hegel o marxista revolucionário — produziu não um sincretismo simples, mas um corpo filosófico que atrai e reúne em si elementos também estranhos entre si, e que se torna tão resplandecente quanto difícil de dominar.

Intervém assim, a partir de um princípio hegeliano, algo completamente diferente: sua figura é a do *salto*. Esse termo ainda é de Hegel — «O *salto* [...], essa passagem é *apenas pensamento*» (*Der Sprung [...] dies Übergehen ist nur Denken*: *Enzyklopädie*, 1830, § 50) —, mas reaparece em Lukács completamente transformado: contém o estigma não demasiado implícito de Kierkegaard e é também, e sobretudo, o salto marxiano, revolucionário, «do reino da necessidade para o reino da liberdade».

Desse modo, se na verdade *Geschichte und Klassenbewusstsein* pretendia «reatualizar o aspecto revolucionário de Marx por meio do desenvolvimento do método hegeliano», tal desenvolvimento ainda, e apenas, podia se realizar por meio de Marx: «As revoluções proletárias [...] criticam constantemente a si próprias; interrompem em cada instante seu próprio curso; voltam ao que parecia realizado para recomeçar do início; escarnecem impiedosamente das deficiências, das fraquezas e das misérias de suas primeiras tentativas». É preciso ter em mente essa passagem famosa do *Dezoito Brumário* para ler a definição central de Lukács (na qual ainda ecoa, desfigurado, o hegeliano *Prozess*): «esse salto não é um ato levado a cabo de uma vez por todas, que realizaria instantaneamente e sem momentos intermediários essa enorme transformação na história da humanidade [...] antes, é um processo lento, complexo e duro. Seu caráter de salto consiste *no fato de sempre ser orientado para algo qualitativamente novo*».

O salto é um longo processo, que por sua vez procede por saltos. Um deles é o conflito sobre a jornada de trabalho: se é uma verdadeira greve, de maneira alguma pode levar a uma conciliação, e reproduzir, depois de certo ajuste, a relação capitalista. Não pode pois, se é verdadeira greve, é, como salto, sempre e apenas *orientado para algo qualitativamente novo*: «Ervin Szabó», recorda Lukács no prefácio (1967) da reedição de seu livro, «o guia espiritual da oposição húngara de esquerda na social-democracia, chamou minha atenção para Sorel».

45. Para Lukács, a arma do proletariado é «naturalmente, e em primeiro lugar, o materialismo histórico». Para Benjamin, o materialismo é mais especificamente uma técnica, que requer «presença de espírito».

Primeiro em Lukács e depois em Benjamin, há a mesma crítica do historicismo burguês e de seu conceito de verdade histórica atemporal.

Lukács, por sua vez, explica como essa concepção é incapaz de dominar o processo e deve portanto suprimi-lo, apresentando os dados históricos como verdades eternas; como ela, de acordo com uma estratégia complementar, deve de outro modo «eliminar do processo tudo o que tem um sentido e que tende para um fim». A esse propósito, Lukács cita a frase de Leopold von Ranke, segundo a qual qualquer época «está igualmente próxima de Deus» (*Gott gleich nahe ist*): aqui, onde todo tempo alcançou sua perfeição, o processo é mais uma vez eliminado.

No trabalho das teses *Über den Begriff der Geschichte*, Benjamin, por sua vez, cita Ranke, mas justamente desse modo marca sua máxima distância em relação a *Geschichte und Klassenbewusstsein*. «Se 'qualquer época está em imediata relação com Deus' [*jede Epoche ist unmittelbar zu Gott*]», escreve ele, «é na condição de tempo messiânico de qualquer época precedente.» Também para Benjamin a história é um salto dialético, como Marx entendeu a revolução. Mas esse salto agora já é tão emancipado do processo e de toda tendência para um fim, que até uma palavra de Ranke lhe acrescenta algo. Ora, a evolução dialética para a autoconsciência sofre uma parada. A existência da sociedade sem classes não é pensável, para Benjamin, no mesmo tempo da luta por ela. Mas, quando toda relação teleológica é quebrada, todo o presente pode se tornar — e com base na mesma ideia de sociedade sem classes — o tempo de um juízo messiânico sobre uma época precedente. E, apesar de todas as tentativas de suprimir ou ocultar o tema da luta de classes, a afirmação de Benjamin é clara: «O sujeito do conhecimento histórico é a própria classe oprimida que luta» (12ª tese). «A consciência de fazer saltar o *continuum* da história é própria das classes revolucionárias no instante de sua ação» (15ª tese). Esse é o «salto» (*Sprung*) na interpretação de Benjamin, que transcreve as palavras de Marx e Engels contra Bruno Bauer e sua ideia de consciência crítica:

> Esse santo Padre da Igreja iria se admirar muito se o Dia do Juízo Final chegasse de repente [...], um dia cuja aurora é o reflexo no céu de cidades em chamas, se entre estas «celestes harmonias» soasse em seus ouvidos a melodia da *marseillaise* ou da *carmagnole* com o inevitável ribombar dos canhões enquanto a guilhotina escande o tempo, se a «massa» infame [*verruchte «Masse»*] berrasse *ça ira, ça ira* e suspendesse a «autoconsciência» mediante as lanternas.

A classe tanto pode parecer uma multidão enlouquecida como, pelo contrário, pode surgir completamente adormecida e incapaz de reunir suas forças. Elas são de fato, por definição, imprevisíveis. Também Benjamin fora um leitor apaixonado de Sorel.

46. «A rude e excitante profecia do livro era, em suma: que os mitos populares, ou melhor, fabricados para as massas, teriam se tornado o veículo dos movimentos políticos: fábulas, fantasias e invenções que não precisavam conter verdades racionais ou científicas para fecundar e para determinar a vida e a história [...] o livro [...] de fato tratava da violência como vitoriosa antítese da verdade.» Assim estigmatiza Thomas Mann as *Réflexions sur la violence*, no 34º capítulo do *Doktor Faustus*. São as palavras das quais Kerényi retirou a sua célebre distinção entre «mito genuíno» e «mito tecnicizado».

A ficção literária é a tela que, com o nome de Serenus Zeitblom, se opõe à trivialização direta e permite ao aristocrático Mann tratar também as rudes profecias com finíssimo desdém. Suas frases sobre Sorel, que seriam muito discutíveis numa argumentação circunscrita, são aqui verdadeiras justamente em seu aspecto genérico e não tocam o ponto específico de Sorel, mas, de maneira mais precisa, o plano real de sua péssima vulgarização.

Carl Schmitt não pode ser tão sutil: depois de ter citado um discurso de Mussolini («Nosso mito é a nação, a grande nação»), ele comenta com regozijo na *Politische Theorie des Mythos* (1923): «O fato de os autores anarquistas terem descoberto a irracionalidade do mítico a partir da hostilidade antiautoritária e antiunitária não podia impedir que eles colaborassem com a fundação de uma nova autoridade, de um novo sentimento pela ordem, pela disciplina e pela hierarquia».

Acrescenta-se ao coro, por fim, a voz de Mircea Eliade:

> Falou-se [...] da greve geral como de um dos raros mitos criados pelo Ocidente moderno. Mas se tratava de um mal-entendido: acreditava-se que uma «ideia» acessível a um número considerável de indivíduos, e portanto popular, podia se tornar um «mito» pelo simples fato de sua realização histórica ser projetada num futuro mais ou menos longínquo. Mas não é assim que se criam mitos. A greve geral pode ser um instrumento de luta política, mas a ela faltam precedentes míticos, e isso basta para excluí-la de qualquer mitologia (*Mythes, rêves et mystères*, 1957).

Mann e Kerényi concordam com Schmitt no que diz respeito à possibilidade do uso político dos elementos irracionais, e, no fundo, na aproximação de Sorel e Mussolini, mas não concordam com Schmitt em relação ao uso dos termos «mito» e «mítico», para eles inaplicáveis, em rigor, a Sorel. Mann e Kerényi concordam com Eliade na exclusão da greve geral da esfera do mito, mas não poderiam de modo nenhum concordar com Eliade em relação à essência do próprio mito. Negando a singularidade do fenômeno anárquico (e assimilando-o, como Schmitt, ao fascismo), negando a qualidade mítica à greve (como faz Eliade), ou negando (como Mann e Kerényi) ambas as coisas, essas três vozes discordantes convergem num ponto: todas tendem a negar aquilo que para Sorel permanece essencial, isto é, a relação de exclusiva coimplicação entre mito e greve geral.

47. É justamente de Kerényi, porém, a recomendação de «não hipostasiar» o «mito», como se fosse uma substância

concreta. E o justo conselho deve valer também para a leitura

das *Réflexions*.

O que significa aqui «mito»? Em primeiro lugar: não utopia. Precisamente a utopia, de que se serve o sindicalismo burguês, é para Sorel algo similar ao «mito tecnicizado» de Kerényi. É um artifício, um produto do trabalho intelectual, «a obra de teóricos que, depois de terem discutido e estabelecido os fatos, tentam estabelecer um modelo ao qual comparar a sociedade existente»; a utopia é, ao mesmo tempo, «uma composição de instituições imaginárias» e uma *descrição* das relações humanas vistas em sua condição mais desejável, mas útil a soluções políticas um tanto menos agradáveis.

A filosofia é o contrário de todo «trabalho intelectual»; *«filosofar»*, dizia Bergson, *«consiste em inverter a direção habitual do trabalho do pensamento»* (*Introduction à la métaphysique*, 1903). E o mito aí pode ser entendido apenas no sentido da filosofia de Bergson, que Sorel retoma de forma literal. No mito se exprime a ação verdadeiramente livre, que, segundo uma inversão criadora do tempo social, alcança a duração pura e se desenvolve como pura duração. Segundo Bergson,

> «existiriam dois eus diferentes, em que um seria como a projeção externa do outro, sua representação espacial e, por assim dizer, social [...] Mas os *momentos em que alcançamos a nós próprios são raros*, uma vez que raramente estamos livres. Na maior parte do tempo, vivemos exteriormente a nós [...] falamos em vez de pensar; *somos agidos* em vez de agir. Agir de forma livre é reapoderar-se de si, dispor-se de novo na pura duração» (*Essai sur les données immédiates de la conscience*, 1889).

Em Sorel, o mito, ao contrário da utopia, não é fabricável para as massas, dado que, essencialmente novo, não reconhece nenhuma coletividade que já esteja pronta e apta a acolhê-lo.

Kerényi fundou sua vida de estudioso sobre a distinção entre o mito e suas narrativas, as mitologias, únicos materiais historicamente consideráveis. Com um gesto afim, Cesare Pavese avisava: «deve evitar confundir o mito com as redações poéticas que dele foram feitas e que estão sendo feitas; ele precede, não é, a expressão que a ele é dada. Em seu caso, pode-se muito bem falar de conteúdo distinto da forma» (*Del mito, del simbolo e d'altro*, 1943-44). Mas se Sorel não confunde os dois planos é justamente porque a distinção para ele não existe: o mito não precede a greve, é a própria greve. Semelhante a um dos raros instantes em que, segundo Bergson, o indivíduo livre e consciente chegaria a si, o mito é, nas *Réflexions*, o acontecimento criador em que a coletividade alcança a si mesma. Se «não existem dois momentos idênticos num ser consciente», um momento ao mesmo tempo coletivo e realmente novo não pode acontecer no ambiente exterior socializado em que todo ser se perde, mas comporta a destruição da sociedade existente. O mito, que não constitui um fundo, não tem precedentes: longe de ser produzido pela massa fascista pré-comprimida, não surge como «arcaísmo tecnicamente equipado», mas apenas se realiza no relaxamento, como aparição incomparável da classe revolucionária.

48. «Não há nenhum existente que deva ou possa constituir um limite ou uma exceção, mas a função de sociedade inclui agora entre suas possíveis variáveis todo existente, seja humano ou não humano, animado ou inanimado. Não existe

nada e não existe ninguém em relação ao qual a função deixe de produzir sentido. Não existe nada nem ninguém que suspenda a sociedade.»

É certo que a multidão reativa não a suspende, e tampouco o indivíduo perigoso criminalizado a suspende mais do que o burguês conformado. Mas existe a classe revolucionária, que a destrói. Se a forma da sociedade se prolonga na do dinheiro e se a forma do dinheiro e a da sociedade se comunicam no ilimitado, a greve revolucionária que se ergue de repente faz suas — como se viu em Marx — as mesmas razões da mercadoria, desdobrando-as e nelas revelando a antinomia, compromete a virtude mágica e ilimitada do dinheiro num conflito completamente novo no qual a força se opõe à força.

Nesse sentido, de acordo com sua radical imanência à mercadoria, a classe revolucionária também não é redutível ao «conceito de político», não vive na oposição à nação ou ao povo estrangeiro; não se afirma e se mantém na guerra política latente contra seu inimigo, mas existe apenas na destruição de si como de todas as classes. Ergue-se perante o capitalista em primeira pessoa, mas com a ironia de quem sabe que sua demanda é de tal modo radical a ponto de não prever mais ninguém diante de quem deva ser defendida. Se a classe e suas lutas exigem uma ordem temporal completamente nova, à qual, todavia, não podem pertencer, a «sociedade sem classes» já não é o «ponto organizador da visão política do mundo». Nesse tempo já não existe uma vida integrável sem limites na sociedade, mas uma vida que já é ilimitada e imediatamente social, que não pode assim, de modo algum, tornar-se *sociável*.

Nesse tempo, também o espaço muda completamente. Paris já não é Paris nem Roma, nem Parma, tal como Parma já não é Parma nem Modena. Sim, o ilimitado da sociedade é um sonho em que, como mostrou Delfini, outros e diferentes sonhos não deixam de viver. Mas é no conflito sobre a jornada de trabalho que o sonho do ilimitado acaba, é só nesse conflito, verdadeira guerra civil, que Paris muda verdadeiramente de rosto: «definitivamente, é apenas a revolução que cria o espaço livre da cidade [...]. A revolução desencanta a cidade» (Benjamin, *Passagenwerk*, M 3, 3).

49. A nota de Benjamin sobre a classe, que isola essa possibilidade messiânica da própria massa, isto é, da quintessência comprimida da sociedade, mantém ainda hoje toda a força que nela Adorno havia reconhecido. Em seu contexto originário, no ensaio sobre a reprodutibilidade da arte, ela se referia às oportunidades oferecidas pela técnica cinematográfica e à transformação contrarrevolucionária nela operada pelo capital. De fato, o autoestranhamento do homem alcançou no cinema, segundo Benjamin, «um estágio altamente produtivo»: para o ator de um filme, ele se torna um fenômeno essencialmente diferente daquele que se produz na encenação de um teatro. Isso porque a imagem do ator que representa diante da câmera é por isso mesmo exposta à massa e transportada para a frente da massa «que o controlará». Ora, «justamente esta não é visível, ainda não está presente» enquanto ele representa, e, todavia — como num pan-óptico invertido, onde os guardas escondidos são uma multidão, e um só, presente, é o prisioneiro —, «a autoridade do controle é acrescentada por tal invisibilidade».

De fato, continua Benjamin, «não se pode esquecer que a utilização política desse controle acontecerá apenas quando o cinema tiver se libertado da prisão da exploração capitalista».

Mas, enquanto essa exploração se exercer, toda possibilidade é sistematicamente vedada por uma espécie de cortina encantadora. Age em tais condições o «culto do divo», que «conserva aquela magia da personalidade já há muito tempo reduzida à magia falsa, própria de seu caráter de mercadoria», enquanto «seu complemento, o culto do público [...], promove a corrupção do estado de espírito da massa que o fascismo procura colocar no lugar da consciência de classe».

Aparece reconhecível, nessa «corrupção», a multidão perigosa, assim como o velho «prestígio» de Tarde e Le Bon ainda cintila no olhar do divo. Mas, se o fascismo reconduz o estágio crítico e altamente produtivo da alienação ao par divo-massa, guia prestigioso-multidão, a resposta a esse perigo é, mais uma vez, uma questão de técnica.

Béla Balázs concentrou sua atenção na capacidade do cinema de desenvolver uma

> tipologia do rosto e das expressões das diversas classes sociais. Não aludimos aos tipos esquematizados que servem para contrapor o rosto do «fino e degenerado aristocrata» ao do «camponês rude porém forte». Também na cena era fácil contrapor a máscara do banqueiro à do proletário. Esquemas vulgares que a câmera, aproximando-se do rosto dos homens, destruiu sem remissão. Mas a câmera fez ainda mais, não apenas destruiu. O primeiro plano descobriu por trás dos sinais exteriores e estilizados o sinal escondido e impessoal de uma classe determinada.

Balázs lembra as imagens do *Arsenal* (1929), de Dovchenko:

> o silêncio premonitório [...] envolve Kiev antes da revolta [...]. Com uma série de breves cenas, que captam um movimento, uma imagem de perfil, o filme «explora» todos os estratos sociais [...]. Os rostos revelam a classe, impressa na fisionomia dos indivíduos; não revelam o homem *na* classe social, mas a classe social *no homem*. No momento em que, depois dessa série de imagens, estoura a luta nas ruas, não combatem apenas as metralhadoras e as baionetas, mas também rostos de homens vivos (*Der Film*, 1949).

Aí, uma solução técnica inaugura uma nova fisiognomonia, finalmente livre do sujeito e de sua psicologia, que, ao descobrir as relações de classe, isto é, as relações sociais por trás da aura do divo, relaxa a massa e impede a constituição da multidão. O público, a massa que diante das telas assiste a essa nova experiência, é assim um fenômeno-limite: não «contempla», mas exerce seu controle sobre a situação social. Ela é «relaxada» de um modo muito especial, e conhece sua distensão apenas na luta. Por outro lado, também a imagem levada para a frente de uma classe semelhante é retomada pela câmera e move-se na tela em condições que são completamente incomparáveis com as de um espetáculo concedido pelo capital. Já que com o culto do divo é destruído também o do público. A relação que liga o divo ao público, e segundo a qual ele deve aderir à massa para poder arrastá-la, é *nesse* gênero de filme levada ao excesso e ao mesmo tempo superada.

> Quando os *operários* [*Handwerke*] comunistas se reúnem, têm como primeiro objetivo a doutrina, a propaganda etc. Mas com isso se apropriam simultaneamente de uma nova

> necessidade, a necessidade da sociedade, e o que parece um meio se tornou um fim [...]. Fumar, beber, comer etc. já não são meios para estarem unidos, meios de união. Para eles, basta a sociedade, a união, a conversa que essa sociedade por sua vez tem como objetivo; a fraternidade dos homens não é para eles uma expressão, mas uma verdade, e a nobreza do homem irradia, daqueles rostos endurecidos pelo trabalho, em nossa direção.

Não é Balázs. É Marx (nos *Manuscritos* de 1844). Uma vez que aqueles rostos, na solidariedade de classe, na qual não pode haver culto, na qual o rosto do guia proletário é reabsorvido no rosto da classe, são ao mesmo tempo os que conhecem e os conhecidos, são os mesmos que olham e são olhados.

Em 1915, Vachel Lindsay havia dedicado algumas páginas de seu *The Art of the Moving Picture* ao filme de Griffith *The Birth of a Nation*. «Filme da Multidão» é a definição que Lindsay forja para essa célebre apologia da Ku Klux Klan, obra-prima odiosa que tanto «no filme como no público transforma a multidão numa massa em tumulto». Em particular, na cena que reconstrói o assassinato de Abraham Lincoln, o fictício público no fictício Ford's Theatre se ergue como que tomado de pânico, e «o horror percorre os espectadores estendendo-se aos espectadores verdadeiros para além da tela». Medo que por sua vez provoca medo, sugestão que se multiplica quando, pelo menos por um átimo, «a verdadeira multidão contagiada pelo terror contempla seu autêntico rosto no espelho»: fisionomia inconfundível da massa compacta, que teme, antes de tudo e em todos os outros, a si mesma.

50. De fato, «a linguagem surge apenas da necessidade, da necessidade de relações com os outros homens». Esse nascimento é contínuo e leva as línguas aos confins, força-as e faz o verbo se chocar com o signo enquanto traz a palavra e o signo de volta ao gesto.

Também por isso — como explicaram Adorno e Ursula Jaerisch — «a teoria e a fisiognomonia social se fundem uma na outra». Quando um conflito salarial, que «é, ainda e sempre, em potência, luta de classes», é mantido aquém da luta «pelas organizações integrais que participam do poder de controle»; e ainda quando, tendo completado sua tarefa mais grosseira, essas organizações deixam em cena uma sombra sutil, interiorizada e difusa na massa de indivíduos ocupados em encontrar trabalho no trabalho, enquanto seus semelhantes desocupados e que fazem parte do trabalho excedente os pressionam, então, precisamente nesse momento, «as coisas não podem correr bem» (*Anmerkungen zum sozialen Konflikt heute*, 1968).

Já não apenas em grupos determinados, mas em toda a massa controlada, o conflito explode numa expressão disforme: aqui reaparecem com «a máxima tenacidade a inveja, o litígio, a agressividade espezinhada e desviada de seu verdadeiro objeto, velhas heranças da pequena burguesia». E, como sempre, «elas constituem um potencial perigoso não tanto para a ordem quanto para as minorias malvistas e para aqueles que não são politicamente conformistas».

Mas, mesmo assim, é possível uma cesura. De fato, também «os conflitos pseudoprivados são mediados pela objetividade social da linguagem». Por isso, a própria língua conhece um tom diferente, que às vezes se destaca da maneira mais decisiva. Se o rancor que explode não revela e ao mesmo tempo esconde as mediações das quais provém, se ele se debate nas relações sociais como num mundo de coisas inertes, e choca-se contra hierarquias invisíveis como contra espessas paredes domésticas, é, pelo contrário, numa tonalidade um pouco diferente, fugidia, segundo a qual a linguagem nasce ainda da necessidade e em que a necessidade se transforma em linguagem, que o próprio mediato ganha expressão.

Essa tonalidade se chama *lamento*. Nela, e só nela, surge o gesto, ou o rosto, ou a voz da classe em luta. E ela não pode se desvanecer, nem mesmo quando o controle substitui as contraposições simples por uma modulação de contrastes e espalha, dilata e interpõe sua gama gigantesca de cinzentos; não pode se desvanecer, *uma vez que é a própria labilidade*. Nas palavras de Gershom Scholem, «o lamento é a única língua *lábil* possível» (*Über Klage und Klagelied*, 1918). O lamento — a luta de classes — não se perde na flutuação contínua das relações sociais, uma vez que «não se dá nenhuma estabilidade do lamento». Por isso, o lamento escapa ao ritual e não se fixa nem se apaga no pranto, mas permanece vivo e ressoa no amor, como nas tendências chamadas «confiança, coragem, humor, astúcia, impassibilidade» (Benjamin). A esses recursos, que se mostram assim raros e limitados nos efeitos, corresponde o mais alto teor político. A separação entre público e privado, entre político e impolítico, de fato é mítica e age, na sociedade ilimitada, ocultando e favorecendo as manifestações da multidão mesmo nos contextos mais restritos. Mas o lamento penetra em cada esfera e sua ausência revela também nas palavras do próximo o inimigo de classe, pois as mais vivas tendências do lamento constantemente «voltam ao que parecia realizado para recomeçar do início» (Marx). Portanto, elas «colocarão novamente em discussão cada vitória jamais alcançada por quem está no poder» (Benjamin, *Über den Begriff der Geschichte*, 4ª tese).

51. Numa das notas preparatórias das teses (Ms 1098 r), Benjamin contesta «a supressão de todo eco do 'lamento' da história» (*die Beseitigung jedes Nachhalls der «Klage» aus der Geschichte*).

Deve-se ao gênio filológico de Arsène Darmesteter a restituição das duas *selichot*, as elegias escritas, uma em hebraico, outra em dialeto francês (mas ainda em caracteres hebraicos), sobre o auto de fé de Troyes, de 24 de abril de 1288, quando sobre treze judeus foi lançada a acusação de sangue e estes foram queimados por ordem da Inquisição. Darmesteter demonstrou que as elegias pertencem de fato a um único autor (rabi Jacob bar Juda, que viveu em Lorena no final do século XIII), e tornou depois evidente que a *selichah* em francês não é, como se podia pensar, uma tradução servil do texto em hebraico, mas, «pelo contrário, o domina». Ainda que ambos os textos restituam a impressão de um testemunho ocular, o texto em hebraico, que compõe versículos bíblicos na forma do centão, mostra-se na verdade artificioso, enquanto o outro é «mais livre, mais nítido e preciso»; e mais rico em detalhes: a 14ª estrofe, por exemplo, relata o detalhe dos frades dominicanos que foram à casa de Isaac Cohen exigindo-lhe que abjurasse, ameaçando-o de pena de morte; e testemunha a recusa e o sacrifício de Isaac. Assim, enquanto a composição em hebraico afirma que Isaac Châtelain morreu no dia de shabat, a outra diz que ele era um homem rico e um autor de talento. De um lado, a riqueza retórica dos simbolismos (o justo morre no sábado, a vida pura acaba no dia da pureza); do outro, a sobriedade documental da verificação (Isaac era abastado, era um escritor, mataram-no junto com sua família). Essas diferenças, comenta Darmesteter na esteira de Ernest Renan, «tornam sensível a superioridade da língua popular em relação à língua dos doutores, quando se trata de exprimir um sentimento autêntico» (*L'Autodafé de Troyes*, 1881). E, se de fato o texto hebraico é o primeiro em termos cronológicos (como afirma uma notação do antigo manuscrito), então a tradução parecia ter preenchido uma insuficiência do original, elevando-o, na simplicidade do dialeto, à verdadeira vida do lamento. Isso porque apenas a ordem linguística da verificação não trai ou afasta o fruto da injustiça e da violência, e unicamente nela tem voz a palavra não escutada e a dor não expressa.[5] Por isso, os verdadeiros lamentos são sempre testemunhos, livres porém das pretensões do direito. Assim, a grandiosa elegia *Telunah al ah-zeman* (Lamento sobre o tempo, ou sobre o destino, *ca.* 1503) diz respeito à vida de perseguido de Yehuda Abravanel. O teor de verdade não corresponde aqui a nenhum enunciado solene e vinculante, mas justamente à primeira e mais sóbria verificação, que diz o que não poderia deixar de dizer, a mudança da própria língua: «Desprezo o canto; e já quebrei meu luto,/ minha harpa pendurada nos

5 Milner mostrou como num fragmento grego cunhado por Émile Benveniste a partir de um molde homérico a introdução de um «nós» (*hémeas*) responde a esta exigência da língua que fala *sur le mode du constat et non pas de la persuasion* [no modo da constatação e não no da persuasão]. Aqui, o «nós do linguista que inventa *hémeas* torna-se [...] um 'nós' da coletividade e não um nós de autor» (*Le Périple structural*, 2002).

sálicos;/ em sonoros lamentos mudei minha canção/ vibra minha flauta em minha dor com tom espectral».

Kafka insistiu na impossibilidade de traduzir o iídiche em alemão: é possível trazê-lo ao conhecimento dos franceses numa versão francesa, isso não lhe parecia difícil, mas, se é traduzido em alemão, desaparece, ficando apenas, em seu lugar, algo inanimado. De fato, a relação entre as duas línguas seria demasiado delicada e significativa para suportar uma tradução. Ora, significativos, e eloquentes, são também os exemplos que Kafka escolhe para ilustrar essa relação: «*toit* não se identifica com *tot* [em alemão: morto], e *Blüt* é diferente de *Blut* [sangue]» (*Rede über die jiddische Sprache*, 1912). Outras palavras não são necessárias para que a mais lábil proximidade revele sua natureza. O iídiche é um alemão que em pequenos acentos, tênues cantos, sibilos e letras aspiradas começou a se lamentar e se tornou lamento do princípio ao fim. Por isso, formas do médio e alto-alemão sobrevivem nele, fragmentos linguísticos em extinção não param de ressoar no fermento contínuo da língua popular: o que entrou no gueto, diz Kafka, não sai dele muito facilmente. Portanto, uma versão alemã para ele seria fatal: o iídiche jamais poderia regressar ao lugar de onde veio, voltar ao alemão como se nada fosse — uma vez que o «nada» é o próprio iídiche. Impossibilidade da tradução, portanto, em que se fundem as histórias da língua e da perseguição e da assimilação, a história do judaísmo e a impossibilidade de um mundo judaico-alemão. Vertigem em que as imagens de Troyes ressurgem vivas. É pela mesma razão, de fato, que o caso do auto de fé fica escondido numa versão específica da *selichah*, a que usa o idioma partilhado pelos carrascos, que, como o alemão no iídiche, torna-se aqui, de estrofe em estrofe, nada mais do que lamento.

A classe revolucionária não se impõe com uma divisão violenta; é, pelo contrário, a violência que divide e separa uma classe de oprimidos. Mas assim se separa e liberta também uma nova esfera da linguagem. *I can't speak the sounds that show no pain*... Quem na verdade se lamenta, com efeito, não tem nenhum poder de fazê-lo, pelo contrário, está na impossibilidade de não o fazer. Sim, a «muda do lamento», descrita por Canetti, é ainda, como seu caráter ambivalente, simplesmente uma multidão, uma multidão que se reúne no benefício do pranto, na angústia e na excitada afirmação de que perante a morte algo ainda é possível: unir-se justamente numa enorme quantidade, afligir-se em torno de um moribundo para depois fugirem todos ainda unidos no terror do morto. Mas o verdadeiro lamento não é um pranto, nem um rito de massa, não ressoa nos ritmos obsessivos da reunião, vive no relaxamento. Não é a afirmação desesperada de um possível apesar de tudo, pois nele está a última privação, a própria impossibilidade que se torna língua. Por isso, o lamento, nas palavras de Kafka, «enfrenta o medo». E não volta atrás. Ainda que façam de tudo para reduzi-lo a velhas classes ou sons — com vozes zelosas, inúteis e apagadas.

52. Tão logo se alça o lamento no guia revolucionário, este se perde no lamento das centenas de milhares. Por isso, o lamento pode pertencer ao grupo ou ao indivíduo, mas não deixa que nem o grupo nem o indivíduo fiquem isolados e ao mesmo tempo comprimidos; ele os reúne temporalmente à classe, que agora surge e se prolonga neles, mesmo quando parece não poder se reunir. Desse modo, os recursos e as ações do lamento podem parecer, do exterior, pouco razoáveis, miseráveis e loucos, ou depois, de repente, verdadeiros e realmente

ameaçadores. De fato, as ações carregadas de lamento não são ineficazes, nem loucas ou desesperadas, mas completamente desprovidas de oportunismo: daí sua força singular, que as liberta dos antagonismos e dos interesses imediatos. O lamento, que se torna humorismo na palavra do operário (Marx), não está na falsa coragem e nos cantos dos pacifistas descritos por Anders, mas, como «expressão drástica e não malsucedida da impossibilidade», ressoa nas palavras de Benjamin a Scholem como na massa emudecida dos deportados de que fala Bettelheim: «Nem a Gestapo pode matar todos nós», dizem eles no centro do *Lager*. E é verdade, contra toda evidência. Isso porque no tempo do lamento eles são muitos e muitos mais do que os reunidos na praça, e estão agora de tal modo compactados naquele espaço que se estendem e formam uma única massa relaxada e solidária no tempo. Essa é a classe dos oprimidos, a classe revolucionária, à qual até o mais solitário se une quando mal começa a se lamentar, deixando finalmente de temer.

Também Isaac Babel por fim se lamentava em termos bastante variados e estranhos. Ouvindo aqueles gemidos, Antonina Nikolaevna Pirožkova corria ao quarto do amado; ele continuava a gemer um pouco e, desatando depois a rir, dizia: «Para você executei 'lamentos judaicos'». Babel bem sabia que, das angústias e dos prantos do indivíduo, o verdadeiro lamento, e como tal imperceptível, é apenas um sorriso. De fato, esse lamento está voltado para o prazer, enquanto o prazer se afirma e se mantém na extinção do lamento. Assim, na classe revolucionária, na própria solidariedade, nada nem ninguém é solidário, não há obrigações. Nenhum direito existe, quando o lamento é solidário do prazer.

53. «Classe» foi um termo biopolítico; e, nesse sentido, uma invenção francesa. Introduzido pelos fisiocratas no vocabulário da arte de governar, desempenha no sistema deles uma função precisa e irrenunciável: é o conceito graças ao qual o fenômeno da «população» se torna inteligível como elemento «natural», ou, usando as palavras de Foucault no curso de 1977-78, «acessível a agentes e a técnicas de transformação [...] que sejam claros, ponderados, analíticos, calculados, calculadores» (*Sécurité, territoire, population*, 2004). E, se é justamente com base nessa naturalidade que o biopoder pode se organizar, que toda economia política pode se calibrar, o conceito de classe opera nos textos fisiocratas a mediação essencial: estabelece a ligação entre sociedade e natureza, organiza um sistema em si coerente da vida social e ao mesmo tempo conforme à ordem natural. Marie-France Piguet mostrou muito bem isso. É preciso apenas acrescentar que com a inovação fisiocrata se introduz pela primeira vez também certo dinamismo, uma instabilidade a que já estamos de todo habituados. Para que a população possa aparecer como conceito eficaz, deve, antes, ser classificada; mas seu governo, ou a obtenção de seu mais conveniente equilíbrio, implica também um processo contínuo e gradual: a ela se acrescentará assim o nome, totalmente novo, *civilisation*. Esta não é um derivado, mas por sua vez requer a divisão em classes: a relação é de dupla implicação.

Quando, por sua vez, os autores da Restauração situaram o termo «classe» no domínio da história, isto é, quando — depois de Saint-Simon (ainda segundo Piguet) — introduziram a expressão «luta de classes», associaram evidentemente a ideia da história moderna à do antagonismo, a própria ideia de história à divisão profunda, tangível, do corpo social e político. Mas, desse modo, eles se separaram do paradigma fisiocrático apenas para potencializá-lo:

> «Em vez de ser um princípio de imobilidade», afirma uma lição de François Guizot, «a luta foi uma causa de progresso: é das relações recíprocas das diversas classes, da necessidade de se combaterem e de sucumbir em que elas por vezes se encontraram, da diversidade de seus interesses [...] que deriva talvez o mais enérgico, o mais fecundo princípio da civilização europeia. As classes estiveram constantemente em luta; detestaram-se [...] e, no entanto, progressivamente se aproximaram, se assimilaram e se ampliaram» (*Histoire générale de la civilisation en Europe*, 1828).

Não será apenas o bom leninista que se lembrará da carta de Marx a Weydemeyer de 5 de março de 1852: «No que me diz respeito, não me compete o mérito de ter descoberto a existência das classes na sociedade moderna e a luta entre elas. Muito antes de mim, historiógrafos burgueses [...]». É sabido que Marx leu Guizot. E, contra sua ideia de civilização e de progresso, tanto quanto contra a apologia do golpe de Estado de Proudhon, mostrou, como historiador, «como na França a *luta de classes* criou circunstâncias e uma situação que tornou possível a uma personagem medíocre e grotesca se passar por herói». O *novo* uso da expressão «luta de classes» desarma assim em Marx a teoria da civilização, rompe o duplo vínculo, deixa o horizonte biopolítico. Sem nos esquecer de *Estado e Revolução*, releiamos a segunda parte da famosa passagem:

historiógrafos burgueses descreveram o desenvolvimento histórico dessa luta de classes, e economistas burgueses descreveram sua anatomia econômica. O que eu fiz de novo foi: 1) demonstrar que a *existência das classes* está ligada puramente a *determinadas fases históricas do desenvolvimento da produção*; 2) que a luta das classes conduz necessariamente à *ditadura do proletariado*; 3) que esta mesma ditadura constitui apenas a passagem para a *abolição de todas as classes* e para uma *sociedade sem classes.*

Contra Guizot, significa também: contra os economistas burgueses. Assim, como recapitulação, podemos dizer: existe algo na nova ideia de luta de classes que não entra no horizonte da economia política, da mesma forma como não entra no da historiografia burguesa, na perspectiva da civilização. É a solidariedade efetiva: e, se Marx a concebe como luta ou verdadeira guerra civil, se só na solidariedade a associação adquire caráter político, ela é também o movimento interno que anula todo antagonismo e, portanto, toda divisão política. Se, como resultado da luta, a sociedade sem classes pode substituir a sociedade burguesa, é porque ela já está presente no meio da própria luta. Daí a definição (como na *Crítica do Programa de Gotha*, 1875) da ditadura revolucionária do proletariado como «período político de transição» (*politische Übergangsperiode*): político — isto é, nos termos de Marx, ainda correspondente aos antagonismos — é precisamente o aspecto que a união dos trabalhadores em luta assume de um ponto de vista exterior e exclusivo, enquanto esse ponto de vista subsistir. A sociedade sem classes será apenas ditadura do proletariado onde e enquanto operar um dos dispositivos chamados mediação, emprego ou desemprego, organização do trabalho ou tempo livre.

54. Jean-Claude Milner tratou da última evolução da burguesia, ou melhor, da passagem da burguesia ainda proustiana da renda e da propriedade à nova burguesia assalariada. O que distingue e decreta o triunfo da última é precisamente um salário que já não depende, como o do proletariado, do preço mínimo da força de trabalho, e, pelo contrário, tem um preço arbitrário, inteiramente «político» e sistematicamente mais elevado do que sua razão econômica. Onde existe burguesia está em ação o dispositivo do «sobressalário» (*sursalaire*), que Milner reconhece em seus dois aspectos alternativos: o da *surrémunération* e o do *surtemps* (como tempo livre depois do trabalho).

No esquema clássico (como em Benjamin) a burguesia assalariada era a categoria dos empregados (que na verdade formava com os artesãos e outros consumidores uma parte da pequena burguesia). Não podemos simplesmente dizer que são agora os empregados que ocupam toda a cena. Milner não descreve um avanço sociológico, mas ilumina uma mudança estrutural. Todavia, é ainda no interior da nova burguesia assalariada que existe e não cessa de se formar uma pequena burguesia comprimida. E igualmente feroz. Só que sua ferocidade não remonta necessariamente ao fantasma de 1929, não é um efeito da falência nem um pressentimento da grande crise. A nova pequena burguesia — como hoje fica evidente — se mostra, pelo contrário, capaz de tudo quando corre o risco de perder o que a define como tal: o *sur* (sobre) de seu salário ou de seu tempo; torna-se facilmente racista, quando está em jogo um pouco de tempo livre ou de dinheiro do sobrepagamento. Sua ferocidade é a do *loisir*. E a hipocrisia a que recorre de boa vontade, segundo a qual seriam no fundo os mais débeis e os mais explorados (nossos pobres operários) a sofrer pela presença dos mais débeis e mais explorados ainda (os imigrantes), não é apenas vazia ou demencial: contém a fórmula de inclusão do proletariado na massa compacta, fórmula já útil ao primeiro fascismo e hoje tão ativa, em projeções vívidas de desejos e de medos. O resultado dessa estratégia é bem conhecido: discricionariedade difusa, hordas de policiais, violências de todo tipo e ainda assim justificadas, arbítrios apenas aparentes que no fundo se apoiam na ferrenha norma da recriação social, na proteção do *loisir*, ou melhor, em sua fórmula definitiva; pois este será sempre, e nada mais, do que o *loisir* «periódico e regulamentado, considerado um dever dos mais sagrados e não um simples prazer» (Tarde). — Oh, justo e santo repouso que guarda a santidade do trabalho, oh, em tudo e por tudo é preciso dedicar-se a seu culto, ser seu ministro, ou ao menos seu prefeito!... e folheie-se o catálogo atroz das paixões dominicais.

Benjamin descreveu o movimento oposto. Como resultado mais perigoso de todos os antagonismos de classe, ele reconheceu a formação de uma não classe, quintessência das próprias tensões, pronta para se reproduzir por toda parte e sem exceções, como «pequena burguesia planetária» (Giorgio Agamben, *La comunità che viene*, 2001) ou pequena burguesia ilimitada. A ideia benjaminiana de sociedade sem multidões constitui assim o complemento perfeito da visão de Marx. Isso porque, de fato, a potência da solidariedade não escapa apenas aos velhos economistas, que pensam com base na teoria do simples juros, do *homo oeconomicus* fechado em seus egoísmos, mas também às vozes críticas da psicologia econômica, que, baseando-se nos conceitos só aparentemente heterogêneos de prestígio, influência, fé etc., não se distancia da posição de Tarde: a greve geral, a solidariedade irredutível tanto à pura lógica dos juros como às leis dos desejos e das crenças, não podia deixar de surgir a este último como uma alucinação coletiva, um fenômeno do fanatismo mais aceso e incontrolável.

A palavra «sociedade» nomeia agora o domínio ilimitado dos antagonismos e das sugestões: focos de atração, chefes e grupamentos, grandes fluxos ou pequenos vórtices imitativos, tensões mais ou menos exasperadas; portanto, ainda e sempre a pequena burguesia, com suas pulsões elementares, o desejo de dominação, o ódio e o medo reunidos no mito da segurança.

A palavra «solidariedade» nomeia em Benjamin o ato antipsicológico de dissolução da multidão. Assim, ele conferiu um novo sentido também ao que «na linguagem dos estrategistas comunistas», diz a nota de 1936, «se chama 'a conquista da pequena burguesia'». Não é, esta, uma obra de proselitismo; não se trata de persuadir ninguém, muito menos a massa instintiva, disposta a tudo, já não passível de ser convencida por excesso de credulidade: trata-se de impedir sua formação. Ainda hoje, ante novos *progrom* e racismos de Estado, a conquista não pode ser empreendida de outro modo: apenas na verdadeira solidariedade, que assola a massa compacta e a transforma em classe revolucionária, ou seja, fazendo da multidão simplesmente classe.

55. Sim, a palavra «classe» foi escandida para afirmar as razões dos proprietários de terras, na gíria dos *économistes*, na alvorada do biopoder. Na fase atual, é a empresa que dita a lei, e o próprio Estado coincide com a empresa — ou com a proteção da empresa; governa a imbecilidade instintiva, aquela que se

desencadeou após o *manager*. Este vive — dizia ainda Hermann Broch — num «estado de sugestão», de «semiconsciência» ou «crepuscular» (*Dämmerzustand*) muito característico: identificando-se totalmente com os juros, fecha-se num mundo de concreto, de onde as ideias são banidas e onde a satisfação por qualquer vitória é inseparável da satisfação (no fundo homicida) pela derrota (e no fundo pela morte) do adversário. Seu atordoamento, seu «ser crepuscular» (*Dämmerwesen*), prolonga-se assim no «jogo de uma estrutura mágico-sádica» (*magisch-sadistische Spielstruktur*) que atravessa e plasma toda a sociedade.

Portanto, a palavra «classe» deveria agora simplesmente desaparecer, e de modo natural, se de todo natural (numa empresa se nasce, em seus belos projetos já se está desde sempre lançado) se mostra a condição do antagonismo exasperado. Deveria desaparecer quando o pior do mundo pode se tornar óbvio e, em gestos, palavras, fisionomias, todo o grotesco do mundo se torna habitual.

Sim, entre Estado, sociedade e empresa não parece existir nenhuma margem, pois a empresa (como Foucault ensinou) nunca foi apenas uma instituição, mas é desde o início uma técnica política, um modo de agir sobre o campo econômico, uma função social. Encantamento do sadismo sem limites: a empresa implementa (também por meio do aparelho estatal) a inclusão ilimitada na sociedade de empresa.

Pelo contrário, é justamente diante do último grande poder e da última violência que o nome «classe» não pode deixar de ressoar, mesmo na inflexão mais frágil, na menor constatação que seja.

ANOTAÇÃO BENJAMINIANA

As ideias de um pensamento coerente não se apresentam, a princípio, mencionadas e depois, ao longo dos anos, em desenvolvimentos mais claros e maduros, mas aparecem de forma realizada e ao mesmo tempo contraída, e, depois, em novas e um pouco alteradas abreviações. Por vezes, uma correspondência terminológica pode torná-las reconhecíveis.

O termo *Auflockerung* volta repetidamente nos textos benjaminianos dos anos 1930, antes e depois da nota de 1936. Nas duas versões de *O que é o teatro épico?*, de 1931 e de 1939, designa tanto a condição do público quanto a técnica empregada pelo diretor. Como o professor de dança com sua jovem aluna, o diretor que coloca em cena um evento histórico — explica Benjamin — empenha-se sobretudo em desatar, relaxar (*auflockern*) as articulações da trama até o limite do possível, negligenciando as grandes escolhas e decisões que o público esperaria e colocando em evidência, pelo contrário, «o incomensurável, o singular». Trata-se daquele processo de «literalização» do teatro por meio de sinais e didascálias com as quais Brecht elimina dos acontecimentos qualquer característica de sensação. Enquanto a sucessão dramática produz uma «massa de cobaias hipnotizadas», com reações dóceis, à mercê de um antigo hábito (e o que é, para retomar outro lugar célebre, a tradição dos vencedores senão um longo relaxamento sugestivo?), o teatro épico interrompe o ritmo dos eventos e expõe a situação singular, que assim se presta à análise separada. «O velho teatro dramático se faz com a sugestão, o épico com a argumentação», dizia Brecht. Com as palavras de Benjamin, a *Auflockerung* (ou, também, «*epische Streckung*», dilatação épica, estiramento épico) da trama é ao mesmo tempo relaxamento do público: ora, «a totalidade falsa, dissimulada, do 'público'» — isto é, a «massa como tal», ou melhor, a «massa compacta» (como será definida ainda em 1939, nos *Comentários a algumas líricas de Brecht*, o «bando de Mahagonny») — «começa a se desagregar a fim de abrir espaço em seu seio para alinhamentos de partidos que correspondem a alinhamentos reais» (1931).

A técnica brechtiana, com efeito, é o paradigma experimental da ação revolucionária: é uma didática ou um exercício antissugestivo, que opõe a transformação dos espectadores em «colaboradores» à produção contínua do público reativo. «Construir a partir dos menores elementos dos comportamentos», diz Benjamin em 1934, na conferência realizada em Paris *O autor como produtor*, «aquilo que na teoria aristotélica se chama 'ação': esse é o sentido do teatro épico... Ele não visa a preencher o público com sentimentos, ainda que de revolta, mas fazê-lo sentir um estranhamento duradouro, por meio do pensamento, em relação às condições em que vive.» Apenas no relaxamento do pensamento a massa — diremos agora, retomando a nota de 1936 — «deixa de ser dominada pela simples reação; passa à ação».

Resta agora especificar justamente aquilo que poderia ser considerado dado, ou seja, a expressão «alinhamentos de partidos que correspondem a alinhamentos reais». É uma definição canônica da classe antagonista. Mas será que o relaxamento se reduz a isso?

A resposta é, por assim dizer, de ordem filológica. De fato, nesses anos Benjamin está retomando, numa perspectiva política, um termo técnico de sua reflexão estética. O ensaio «Dois poemas de Friedrich Hölderlin», de 1914-15, distingue o ideal que inspira o poeta, qual seja, o «poetado» ou — como também poderia ser traduzido — o «ditado» (*Gedichtete*), da forma que este consegue lhe dar, isto é, da poesia (*Gedicht*) como sua determinação em ato, mesmo que limitada. Do ditado, algo ainda permaneceu em potência. Assim, dele deve se ocupar o bom exegeta. Como pode fazer isso? Porventura aquele ideal já não estaria distante, como uma sombra vaga e inefável? Pelo contrário, ele se distingue «por sua maior determinabilidade: não por uma falta quantitativa de determinações, mas», sublinha Benjamin, «pela existência potencial daquelas presentes em ato na poesia, e de outras».

Disso, tiramos a definição que para nós é essencial: «O ditado (*Gedichtete*) é um relaxamento (*Auflockerung*) das ligações funcionais estabelecidas que imperam na poesia (*Gedicht*)». A exegese força o dado textual, flexiona suas articulações, relaxa ou estira os vínculos prosódicos, e, negligenciando algumas ligações evidentes, faz aparecer «a multiplicidade das ligações possíveis». Assim, persegue a «cada vez mais rigorosa» ou «mais alta determinação» do ditado.

Aqui, então, também o significado político de *Auflockerung* pode ser iluminado. Diríamos, com efeito, que a classe revolucionária não é algo vago em relação à massa mais ou menos comprimida pelas relações biopolíticas (segundo as mitologias mutantes e sempre iguais da terra, do sangue, da raça). Justamente como «alinhamento de partidos», dado que corresponde às divisões reais que estruturam o social, a classe não se reduz a elas. Internamente relaxada, ela é assim a existência potencial das determinações em ato na sociedade, *e de outras*. Nesse sentido é que deve ser compreendida a frase de 1936: «O relaxamento [...] é obra da solidariedade». Não mais presos à própria situação, mas em duradouro estranhamento, os seres ainda são sempre determináveis, capazes de condutas imprevistas, ou melhor, de todas as conexões possíveis.

BIBLIOGRAFIA

As traduções italianas foram modificadas, se necessário, em aderência ao original.

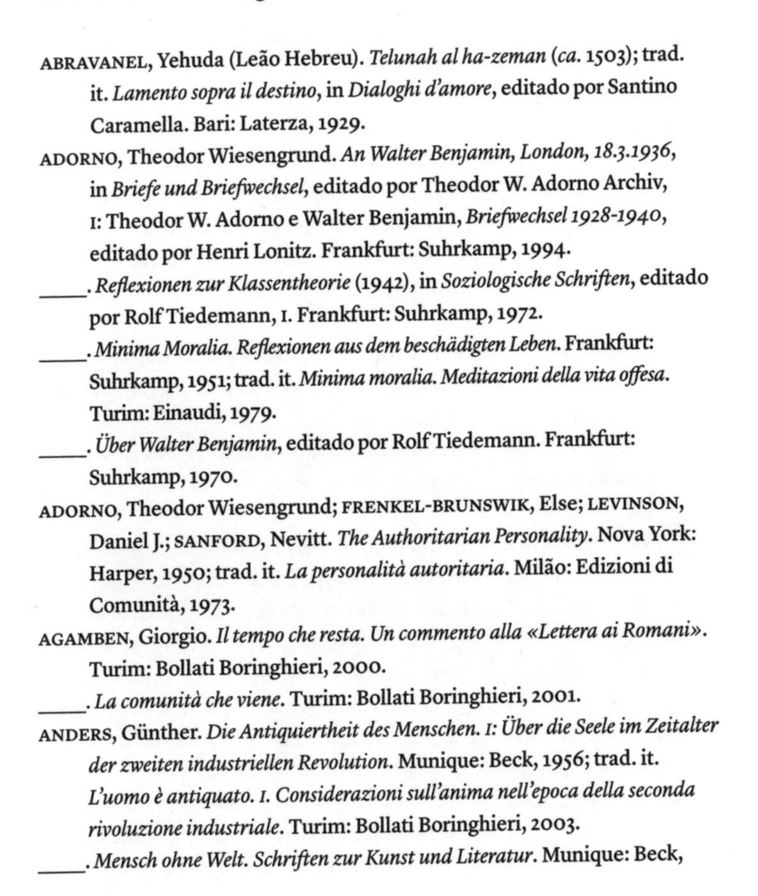

ABRAVANEL, Yehuda (Leão Hebreu). *Telunah al ha-zeman* (*ca.* 1503); trad. it. *Lamento sopra il destino*, in *Dialoghi d'amore*, editado por Santino Caramella. Bari: Laterza, 1929.

ADORNO, Theodor Wiesengrund. *An Walter Benjamin, London, 18.3.1936*, in *Briefe und Briefwechsel*, editado por Theodor W. Adorno Archiv, I: Theodor W. Adorno e Walter Benjamin, *Briefwechsel 1928-1940*, editado por Henri Lonitz. Frankfurt: Suhrkamp, 1994.

____. *Reflexionen zur Klassentheorie* (1942), in *Soziologische Schriften*, editado por Rolf Tiedemann, I. Frankfurt: Suhrkamp, 1972.

____. *Minima Moralia. Reflexionen aus dem beschädigten Leben*. Frankfurt: Suhrkamp, 1951; trad. it. *Minima moralia. Meditazioni della vita offesa*. Turim: Einaudi, 1979.

____. *Über Walter Benjamin*, editado por Rolf Tiedemann. Frankfurt: Suhrkamp, 1970.

ADORNO, Theodor Wiesengrund; FRENKEL-BRUNSWIK, Else; LEVINSON, Daniel J.; SANFORD, Nevitt. *The Authoritarian Personality*. Nova York: Harper, 1950; trad. it. *La personalità autoritaria*. Milão: Edizioni di Comunità, 1973.

AGAMBEN, Giorgio. *Il tempo che resta. Un commento alla «Lettera ai Romani»*. Turim: Bollati Boringhieri, 2000.

____. *La comunità che viene*. Turim: Bollati Boringhieri, 2001.

ANDERS, Günther. *Die Antiquiertheit des Menschen. I: Über die Seele im Zeitalter der zweiten industriellen Revolution*. Munique: Beck, 1956; trad. it. *L'uomo è antiquato. I. Considerazioni sull'anima nell'epoca della seconda rivoluzione industriale*. Turim: Bollati Boringhieri, 2003.

____. *Mensch ohne Welt. Schriften zur Kunst und Literatur*. Munique: Beck,

1984; trad. it. *Uomo senza mondo. Scritti sull'arte e la letteratura*, editado por Stafano Velotti. Ferrara: Spazio Libri, 1991.

____. *Gewalt – ja oder nein. Eine notwendige Diskussion*. Munique: Knaur, 1987; trad. it. *Stato di necessità e legittima difesa. Violenza sì o no: una critica del pacifismo*. San Domenico di Fiesole: Cultura della Pace, 1997.

ARENDT, Hannah. *The Origins of Totalitarianism* (1951). Nova York: Harcourt, Brace & World, 1966; trad. it. *Le origini del totalitarismo*. Turim: Einaudi, 2004.

BALÁZS, Béla. *Der Film. Werden und Wesen einer neuen Kunst*. Viena: Globus, 1961; trad. it. *Il film. Evoluzione ed essenza di un'arte nuova*. Turim: Einaudi, 1987.

BARDET, Gaston. *Problèmes d'urbanisme*. Paris: Dunod, 1948.

BATAILLE, Georges. *La Structure psychologique du fascisme* (1933), in *Œuvres complètes*. I. Paris: Gallimard, 1970; trad. it. *La struttura psicologica del fascismo*. Chieti: L'Affranchi, 1990.

BENJAMIN, Walter. *Über das Programm der kommenden Philosophie* (1918), in *Gesammelte Schriften*, editado por Rolf Tiedemann e Hermann Schweppenhäuser, II, 1. Frankfurt: Suhrkamp, 1980; trad. it. *Sul programma della filosofia futura*, in *Opere*, editado por Giorgio Agamben, I: *Metafisica della gioventù. Scritti 1910-1918*. Turim: Einaudi, 1982.

____. *Zur Kritik der Gewalt* (1921), in *Gesammelte Schriften*, II, 1 cit; trad. it. *Per la critica della violenza*, in *Angelus novus. Saggi e frammenti*, editado por Renato Solmi. Turim: Einaudi, 1981.

____. *Einbahnstrasse* (1928), in *Gesammelte Schriften* cit., IV, 1, 1980; trad. it. *Strada a senso unico*, in *Opere* cit., IV: *Strada a senso unico. Scritti 1926--1927*, 1983.

____. *Ursprung des deutschen Trauerspiels* (1928), in *Gesammelte Schriften* cit., I, 1, 1980; trad. it. *Il drama barocco tedesco*. Turim: Einaudi, 1999.

____. *Schönes Entsetzen* (1929), in *Gesammelte Schriften*, IV, 1 cit.; trad. it. *Seducente orrore*, in *Opere* cit., V: *Ombre corte. Scritti 1928-1929*, 1993.

____. *Ein Familiendrama auf dem epischen Theater. Zur Uraufführung «Die Mutter» von Brecht* (1931), in *Gesammelte Schriften* cit., II, 2, 1980; trad. it. *Un dramma familiare sulle scene del teatro epico*, in *Avanguardia e rivoluzione. Saggi sulla letteratura*. Turim: Einaudi, 1979.

BENJAMIN, Walter. *An Gershom Scholem, Paris, 6.5.1934*, in *Gesammelte Briefe*, editado por Christoph Gödde e Henri Lonitz, IV. Frankfurt: Suhrkamp, 1998; trad. it. (da edição alemã de 1966) *A Gerhard Scholem, 6 maggio*

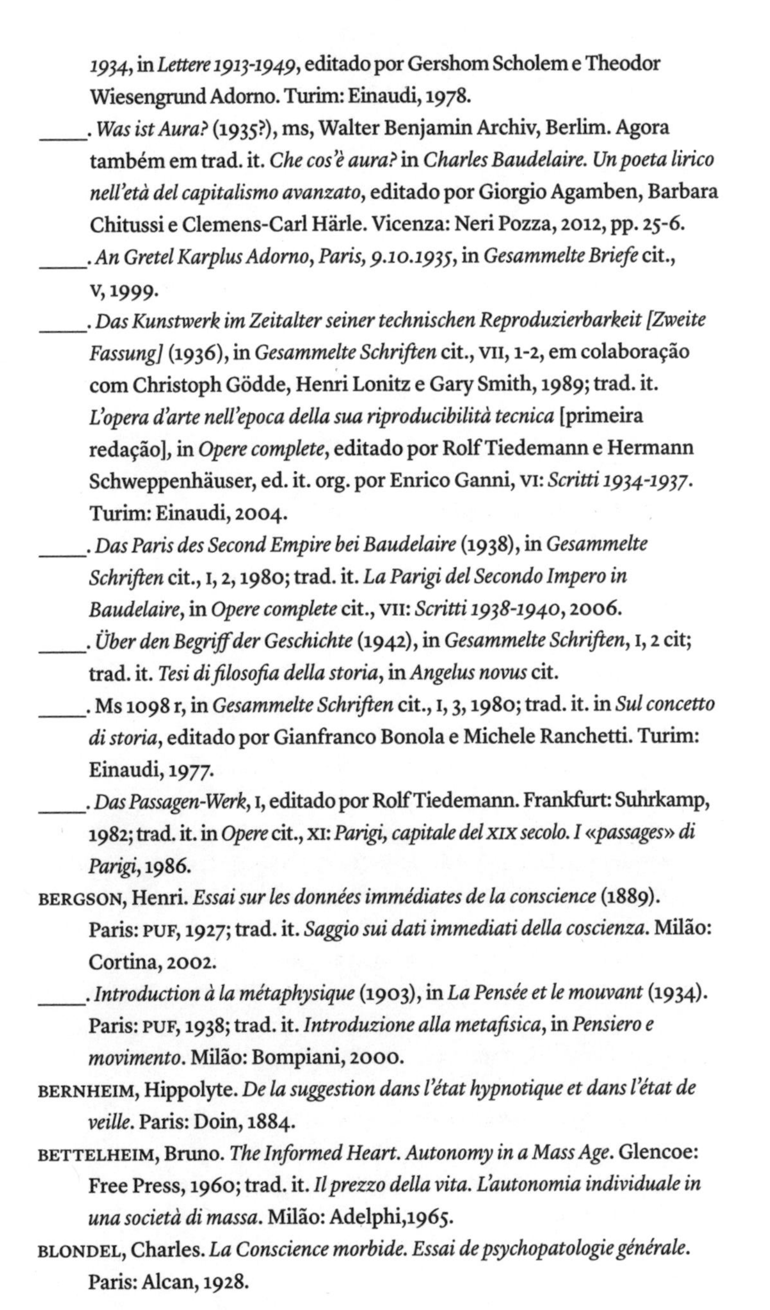

1934, in *Lettere 1913-1949*, editado por Gershom Scholem e Theodor Wiesengrund Adorno. Turim: Einaudi, 1978.

____. *Was ist Aura?* (1935?), ms, Walter Benjamin Archiv, Berlim. Agora também em trad. it. *Che cos'è aura?* in *Charles Baudelaire. Un poeta lirico nell'età del capitalismo avanzato*, editado por Giorgio Agamben, Barbara Chitussi e Clemens-Carl Härle. Vicenza: Neri Pozza, 2012, pp. 25-6.

____. *An Gretel Karplus Adorno, Paris, 9.10.1935*, in *Gesammelte Briefe* cit., V, 1999.

____. *Das Kunstwerk im Zeitalter seiner technischen Reproduzierbarkeit [Zweite Fassung]* (1936), in *Gesammelte Schriften* cit., VII, 1-2, em colaboração com Christoph Gödde, Henri Lonitz e Gary Smith, 1989; trad. it. *L'opera d'arte nell'epoca della sua riproducibilità tecnica* [primeira redação], in *Opere complete*, editado por Rolf Tiedemann e Hermann Schweppenhäuser, ed. it. org. por Enrico Ganni, VI: *Scritti 1934-1937*. Turim: Einaudi, 2004.

____. *Das Paris des Second Empire bei Baudelaire* (1938), in *Gesammelte Schriften* cit., I, 2, 1980; trad. it. *La Parigi del Secondo Impero in Baudelaire*, in *Opere complete* cit., VII: *Scritti 1938-1940*, 2006.

____. *Über den Begriff der Geschichte* (1942), in *Gesammelte Schriften*, I, 2 cit; trad. it. *Tesi di filosofia della storia*, in *Angelus novus* cit.

____. Ms 1098 r, in *Gesammelte Schriften* cit., I, 3, 1980; trad. it. in *Sul concetto di storia*, editado por Gianfranco Bonola e Michele Ranchetti. Turim: Einaudi, 1977.

____. *Das Passagen-Werk*, I, editado por Rolf Tiedemann. Frankfurt: Suhrkamp, 1982; trad. it. in *Opere* cit., XI: *Parigi, capitale del XIX secolo. I «passages» di Parigi*, 1986.

BERGSON, Henri. *Essai sur les données immédiates de la conscience* (1889). Paris: PUF, 1927; trad. it. *Saggio sui dati immediati della coscienza*. Milão: Cortina, 2002.

____. *Introduction à la métaphysique* (1903), in *La Pensée et le mouvant* (1934). Paris: PUF, 1938; trad. it. *Introduzione alla metafisica*, in *Pensiero e movimento*. Milão: Bompiani, 2000.

BERNHEIM, Hippolyte. *De la suggestion dans l'état hypnotique et dans l'état de veille*. Paris: Doin, 1884.

BETTELHEIM, Bruno. *The Informed Heart. Autonomy in a Mass Age*. Glencoe: Free Press, 1960; trad. it. *Il prezzo della vita. L'autonomia individuale in una società di massa*. Milão: Adelphi,1965.

BLONDEL, Charles. *La Conscience morbide. Essai de psychopatologie générale*. Paris: Alcan, 1928.

BRENTANO, Franz. *Psychologie vom empirischen Standpunkt* I (1874), editado por Oskar Kraus. Hamburgo: Meiner, 1973; trad. it. *La psicologia dal punto di vista empirico* I, editado por Liliana Albertazzi. Roma-Bari: Laterza, 1997.

BROCH, Hermann. *Massenwahntheorie. Beiträge zu einer Psychologie der Politik*, in *Kommentierte Werkausgabe*, XII, editado por Paul Michael Lützeler. Frankfurt: Suhrkamp, 1979.

BROD, Max. *Franz Kafka. Eine Biographie* (1937). Berlim: Fischer, 1954; trad. port. *Franz Kafka*. Lisboa: Ulisseia, 1954; trad. it. *Franz Kafka (Una biografia)*. Milão: Mondadori, 1956.

BRUGEILLES, Raoul. «L'Essence du phénomène social: la suggestion», *Revue de la France et de l'Étranger*, LXXX, 1913, pp. 593-602.

BUÑUEL, Luis. *Mon dernier soupir*. Paris: Laffont, 1982; trad. it. *Dei miei sospiri estremi*. Milão: SE, 1991.

CANETTI, Elias. *Masse und Macht*. Hamburgo: Classen, 1960; trad. it. *Massa e potere*. Milão: Adelphi, 1981.

CATUCCI, Stefano. *Per una filosofia povera. La Grande Guerra, l'esperienza, il senso: a partire da Lukács*. Turim: Bollati Boringhieri, 2003.

CAVALLETTI, Andrea. *La città biopolitica. Mitologie della sicurezza*. Milão: Bruno Mondadori, 2005.

CHANDLER, Raymond. *The Long Goodbye*. Londres: Hamilton, 1953; trad. it. *Il lungo addio*. Milão: Feltrinelli, 1989.

CLAUDE, Antoine. *Mémoires de Monsieur Claude, Chef de la Police de sûreté sous le Second Empire*, VII. Paris: Rouff, 1882.

COBB, Richard. *The Police and the People. French Popular Protest 1789-1820*. Londres: Oxford University Press, 1970; trad. it. *Polizia e popolo. La protesta popolare in Francia (1789-1820)*. Bolonha: il Mulino, 1976.

CONRAD, Joseph. *Chance. A Tale in Two Parts*. Garden City (NY): Doubleday, 1913; trad. it. *Destino*. Milão: Bompiani, 1961.

DARMESTETER, Arsène. «Deux Élégies du Vatican», *Romania*, III, 1874, pp. 443-86.

____. «L'Autodafé de Troyes (24 avril 1288)», *Revue des Études Juives*, 64, 1881, pp. 199-233.

DÉJACQUE, Joseph. *La Question révolutionnaire*. Nova York: Barclay, 1854.

DELEUZE, Gilles; GUATTARI, Félix. *L'Anti-Œdipe. Capitalisme et schizophrénie*. Paris: Minuit, 1972; trad. it. *L'anti-Edipo. Capitalismo e schizofrenia*. Turim: Einaudi, 1975.

DELEUZE, Gilles; GUATTARI, Félix. *Mille Plateaux. Capitalisme et schizophrénie*

2. Paris: Minuit, 1980; trad. it. *Mille piani. Capitalismo e schizofrenia*, editado por Massimiliano Guareschi. Roma: Cooper & Castelvecchi, 2006.

DELFINI, Antonio. *Modena 1831. Città della Chartreuse*. Milão: All'insegna del pesce d'oro, 1962.

DEZNÀI, Victor. «L'Activité intellectuelle des villes», *Urbanismul*, XIV, 11-12, 1936, pp. 512-26.

DURKHEIM, Émile. *De la division du travail social* (1893). Paris: PUF, 1960; trad. it. *La divisione del lavoro sociale*. Milão: Edizioni di Comunità, 1962.

____. *Les Règles de la méthode sociologique* (1895). Paris: PUF, 1960; trad. it. in *Le regole del metodo sociologico. Sociologia e filosofia*. Milão: Edizioni di Comunità, 1963.

____. *Internationalisme et lutte des classes* (1906), in *La Science sociale et l'action*. Paris: PUF, 1970; trad. it. *Internazionalismo e lotta delle classi*, in *La scienza sociale e l'azione*. Milão: il Saggiatore, 1996.

ELIADE, Mircea. *Mythes, rêves et mystères*. Paris: Gallimard, 1957; trad. it. *Miti, sogni e misteri*. Milão: Rusconi, 1986.

ENGELS, Friedrich. *Die Lage der arbeitenden Klasse in England* (1845), in *Marx-Engels-Werke* (MEW), Institut für Marxismus-Leninismus beim ZC der SED, II. Berlim: Dietz, 1962; trad. it. *La condizione della classe operaia in Inghilterra*, in MARX, Karl; ENGELS, Friedrich, *Opere complete*, IV, editado por Alberto Scarponi. Roma: Editori Riuniti, 1977.

FALLOT, Jean. *Le Plaisir et la mort dans la philosophie d'Epicure*. Paris: Juillard, 1951; ed. it., ampliada, *Il piacere e la morte nella filosofia di Epicuro*. Turim: Einaudi, 1977.

____. *Marx et le machinisme*. Paris: Cujas, 1966; trad. it. *Marx e la questione delle macchine*. Florença: La Nuova Italia, 1971.

____. *Lutte de classe et morale marxiste*, 1969; trad. it. *Lotta di classe e morale marxista*. Verona: Bertani, 1972.

____. *La Science de lutte de classe*, 1973; trad. it. *Scienza della lotta di classe*, editado por Ivano Spano. Verona: Bertani, 1974.

____. *La Pensée de l'Égypte antique*. Paris: Publisud, 1992.

FLAUBERT, Gustave. *L'Éducation sentimentale* (1869). Paris: Charpentier, 1880; trad. it. *L'educazione sentimentale*, in *Opere*, editado por Giovanni Bogliolo, II. Milão: Mondadori, 2000.

FOUCAULT, Michel. *Maladie mentale et psychologie*. Paris: PUF, 1954; trad. it.

Malattia mentale e psicologia, editado por Fabio Polidori. Milão: Cortina, 1997.

FOUCAULT, Michel. *Les Anormaux. Cours au Collège de France (1974-1975)*, editado por Valerio Marchetti e Antonella Salomoni. Paris: Gallimard-Seuil, 1999; trad. it. *Gli anormali. Corso al Collège de France (1974-1975)*. Milão: Feltrinelli, 2000.

____. *Sécurité, territoire, population. Cours au Collège de France (1977-1978)*, editado por Michel Senellart. Paris: Gallimard-Seuil, 2004; trad. it. *Sicurezza, territorio, popolazione. Corso al Collège de France (1977-1978)*. Milão: Feltrinelli, 2005.

____. *Naissance de la biopolitique. Cours au Collège de France (1978-1979)*, editado por Michel Senellart. Paris: Gallimard-Seuil, 2004; trad. it. *Nascita della biopolitica. Corso al Collège de France (1978-1979)*. Milão: Feltrinelli, 2005.

FREUD, Sigmund. *Massenpsychologie und Ich-Analyse* (1921), in *Gesammelte Werke*, editado por Anna Freud em colaboração com Marie Bonaparte, XIII: *Jenseits des Lustprinzips — Massenpsychologie und Ich-Analyse — Das Ich und das Es*. Frankfurt: Fischer, 1940; trad. it. *Psicologia delle masse e analisi dell'Io*, in *Opere*, sob a direção de Cesare L. Musatti, IX: *1917--1923. L'Io e l'Es e altri scritti*. Turim: Boringhieri, 1977.

____. *Das Unbehagen in der Kultur* (1930 [1929]), in *Gesammelte Werke* cit., XIV: *Werke aus den Jahren 1925-1931*, 1948; trad. it. *Il disagio della civiltà*, in *Opere* cit. X: *1924-1929. Inibizione, sintomo e angoscia e altri scritti*, 1978.

FROMM, Erich. *Die Determiniertheit der psychischen Struktur durch die Gesellschaft. Zur Methode und Aufgabe einer Analytischen Sozialpsychologie* (1937), in *Gesellschaft und Seele. Beiträge zur Sozialpsychologie und zur psychoanalytischen Praxis*, editado por Rainer Funk. Weinheim-Basileia: Beltz, 1992.

GOYTISOLO, Juan. *Para vivir aquí*. Buenos Aires: Sur, 1960; trad. it. *Per vivere qui. Racconti*. Milão: Feltrinelli, 1962.

GUIZOT, François-Pierre-Guillaume. *Leçon 7*, in *Histoire générale de la civilisation en Europe, depuis la chute de l'Empire romain jusqu'à la Révolution française*. Paris: Pichon & Didier, 1828.

HALBWACHS, Maurice. *Esquisse d'une psychologie des classes sociales*. Paris: Rivière & Cie, 1955; trad. it. *Psicologia delle classi sociali*. Milão: Feltrinelli, 1966.

HEGEL, Georg Wilhelm Friedrich. *Enzyklopädie der philosophischen Wissenschaften im Grundrisse* (1830), in *Gesammelte Werke*, XX, editado por Wolfgang Bonsiepen e Hans-Christian Lucas em colaboração com Udo Rameil. Hamburgo: Meiner, 1992; trad. it. *Enciclopedia delle scienze filosofiche in compendio (1830)*, editado por Vincenzo Cicero. Milão: Bompiani, 2000.

HORKHEIMER, Max. *Dämmerung. Notizien in Deutschland* (1934), in *Notizien 1950 bis 1969 und Dämmerung. Notizien in Deutschland*. Frankfurt: Fischer, 1974; trad. it. *Crepuscolo. Appunti presi in Germania 1926-1931*. Turim: Einaudi, 1977.

JESI, Furio. *Spartakus. Simbologia della rivolta*, editado por Andrea Cavalletti. Turim: Bollati Boringhieri, 2000.

KAFKA, Franz. *Rede über die jiddische Sprache* (1912), in *Hochzeitsvorbereitungen auf dem Lande und andere Prosa aus dem Nachlass*, editado por Max Brod. Frankfurt/Nova York: Fischer-Schocken Books, 1953; trad. it. *Discorso sulla lingua jiddish*, in *Frammenti e scritti vari*. Milão: Mondadori, 1989.

KARSENTI, Bruno. *L'Imitation. Sur le débat entre Durkheim et Tarde* (2002), in *La Société en personnes. Études durkheimiennes*. Paris: Economica, 2006.

KERÉNYI, Károly. *Wesen und Gegenwärtigkeit des Mythos* (1964), in *Werke in Einzelausgaben*, V, 1: *Wege und Weggenossen*, editado por Magda Kerényi. Munique/Viena: Langen & Müller, 1985; trad. it. *Essenza e attualità del mito*, in *Il rapporto con il divino*. Turim: Einaudi, 1991.

_____. *A Furio Jesi, Ascona, 7.11.1967*, in JESI, Furio; KERÉNYI, Károly. *Demone e mito. Carteggio 1964-1968*, editado por Magda Kerényi e Andrea Cavalletti. Macerata: Quodlibet, 1999.

LAFARGUE, Paul. *Le Droit à la paresse (Réfutation du «Droit au travail» de 1848)* (1883). Paris: Maspero, 1969; trad. it. *Il diritto all'ozio*. Milão: Feltrinelli, 1971.

LAVEDAN, Pierre. *Qu'est-ce que l'Urbanisme? Introduction à l'Histoire de l'Urbanisme*. Paris: Laurens, 1926.

LE BON, Gustave. *Psychologie des foules* (1895). Paris: PUF, 1963; trad. it. *Psicologia delle folle*. Milão: Longanesi, 1979.

_____. *La Révolution française et la psychologie des révolutions*. Paris: Flammarion, 1912; trad. it. *Psicologia delle rivoluzioni*. Casciago: M&B, 2000.

LEDERER, Emil. *State of the Masses*. Nova York: Norton, 1940; trad. it. *Lo stato delle masse. La minaccia della società senza clasi*, editado por Mariuccia Salvati. Milão: Bruno Mondadori, 2004.

LEE, Gerald Stanley. *Crowds. A Moving-Picture of Democracy*. Garden City: Doubleday, Page & Company, 1913.

LÉVINAS, Emmanuel. *Quelques réflexions sur la philosophie de l'hitlerisme* (1934). Paris: Payot & Rivages, 1977; trad. it. *Alcune riflessioni sulla filosofia dell'hitlerismo*. Macerata: Quodlibet, 1996.

LINDSAY, Vachel. *The Art of the Moving Picture* (1915). Nova York: Macmillan, 1922; trad. it. *L'arte del film*, editado por Antonio Costa. Veneza: Marsilio, 2008.

LUKÁCS, György. *Geschichte und Klassenbewusstsein* (1923), in *Frühschriften*, II. Neuwied: Luchterhand, 1968; trad. it. *Storia e coscienza di classe*. Milão: SugarCo, 1970.

MANN, Thomas. *Doktor Faustus. Das Leben des deutschen Tonsetzers Adrian Leverkühn, erzählt von einem Freunde*. Estocolmo: Bermann-Fischer, 1947; trad. it. *Doctor Faustus. La vita del compositore tedesco Adrian Leverkühn narrata da un amico*. Milão: Mondadori, 1956.

MARX, Karl. *An Arnold Ruge, Kreuznach, 9.1843*, in *Ein Briefwechsel von 1843*, in MARX, Karl; RUGE, Arnold, *Deutsch-Französische Jahrbücher* (1844), in MEW, I, 1958; trad. it. *Marx a Ruge, Kreuznach, settembre 1843*, in *Un carteggio del 1843*, in MARX, Karl; RUGE, Arnold, *Annali franco-tedeschi*, editado por Gian Mario Bravo. Milão: Edizioni del Gallo, 1965.

_____. *Ökonomisch-philosophische Manuskripte aus dem Jahre 1844*, in MARX, Karl; ENGELS, Friedrich, *Kleine ökonomische Schriften*. Berlim: Dietz, 1955; trad. it. *Manoscritti economico-filosofici del 1844*, editado por Norberto Bobbio. Turim: Einaudi, 1968.

_____. *Misère de la philosophie. Réponse à la philosophie de la misère de M. Proudhon*. Paris/Bruxelas: Frank-Vogler, 1847; trad. it. *Miseria della filosofia. Risposta alla «Filosofia della miseria» del signor Proudhon*, in Marx e Engels, *Opere complete* cit., VI, editado por Fausto Codino, 1973.

_____. *An Joseph Weydemeyer, 5.3.1852*, in MEW, XXVIII, 1963; trad. it. *A Weydemeyer, 5 marzo 1852*, in MARX, Karl; ENGELS, Friedrich, *Lettere 1852-1855*, editado por Mazzino Montinari. Roma: Editori Riuniti, 1972.

_____. *Der achtzehnte Brumaire des Louis Bonaparte* (1852), in MEW, VIII, 1960; trad. it. *Il 18 brumaio di Luigi Bonaparte*, in *Rivoluzione e reazione in Francia 1848-1850*, editado por Leandro Perini. Turim: Einaudi, 1976.

_____. *Grundrisse der Kritik der politischen Ökonomie (Rohentwurf) 1857-1858, Anhang 1850-1859*, editado pelo Istituto Marx-Engels-Lenin di

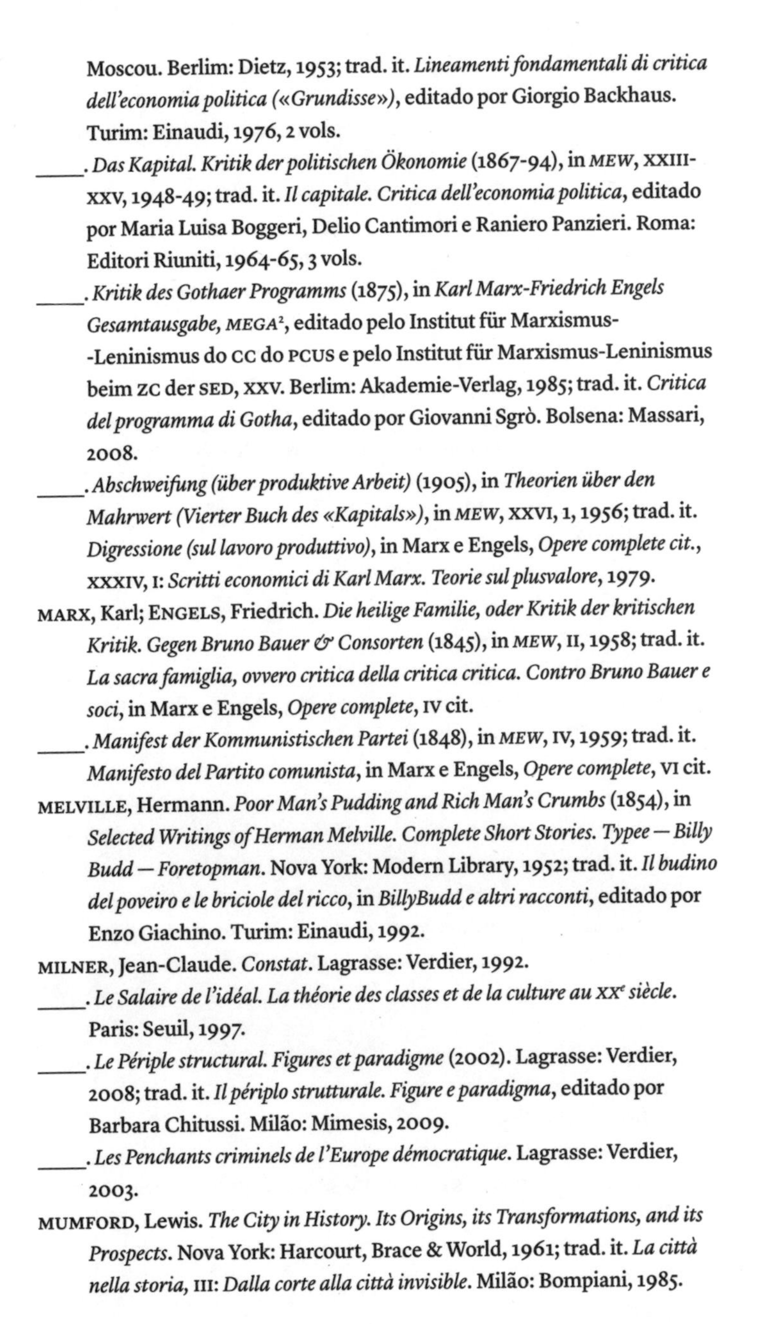

Moscou. Berlim: Dietz, 1953; trad. it. *Lineamenti fondamentali di critica dell'economia politica («Grundisse»)*, editado por Giorgio Backhaus. Turim: Einaudi, 1976, 2 vols.

_____. *Das Kapital. Kritik der politischen Ökonomie* (1867-94), in MEW, XXIII-XXV, 1948-49; trad. it. *Il capitale. Critica dell'economia politica*, editado por Maria Luisa Boggeri, Delio Cantimori e Raniero Panzieri. Roma: Editori Riuniti, 1964-65, 3 vols.

_____. *Kritik des Gothaer Programms* (1875), in *Karl Marx-Friedrich Engels Gesamtausgabe*, MEGA[2], editado pelo Institut für Marxismus--Leninismus do CC do PCUS e pelo Institut für Marxismus-Leninismus beim ZC der SED, XXV. Berlim: Akademie-Verlag, 1985; trad. it. *Critica del programma di Gotha*, editado por Giovanni Sgrò. Bolsena: Massari, 2008.

_____. *Abschweifung (über produktive Arbeit)* (1905), in *Theorien über den Mahrwert (Vierter Buch des «Kapitals»)*, in MEW, XXVI, 1, 1956; trad. it. *Digressione (sul lavoro produttivo)*, in Marx e Engels, *Opere complete cit.*, XXXIV, I: *Scritti economici di Karl Marx. Teorie sul plusvalore*, 1979.

MARX, Karl; ENGELS, Friedrich. *Die heilige Familie, oder Kritik der kritischen Kritik. Gegen Bruno Bauer & Consorten* (1845), in MEW, II, 1958; trad. it. *La sacra famiglia, ovvero critica della critica critica. Contro Bruno Bauer e soci*, in Marx e Engels, *Opere complete*, IV cit.

_____. *Manifest der Kommunistischen Partei* (1848), in MEW, IV, 1959; trad. it. *Manifesto del Partito comunista*, in Marx e Engels, *Opere complete*, VI cit.

MELVILLE, Hermann. *Poor Man's Pudding and Rich Man's Crumbs* (1854), in *Selected Writings of Herman Melville. Complete Short Stories. Typee — Billy Budd — Foretopman*. Nova York: Modern Library, 1952; trad. it. *Il budino del poveiro e le briciole del ricco*, in *BillyBudd e altri racconti*, editado por Enzo Giachino. Turim: Einaudi, 1992.

MILNER, Jean-Claude. *Constat*. Lagrasse: Verdier, 1992.

_____. *Le Salaire de l'idéal. La théorie des classes et de la culture au XXe siècle*. Paris: Seuil, 1997.

_____. *Le Périple structural. Figures et paradigme* (2002). Lagrasse: Verdier, 2008; trad. it. *Il périplo strutturale. Figure e paradigma*, editado por Barbara Chitussi. Milão: Mimesis, 2009.

_____. *Les Penchants criminels de l'Europe démocratique*. Lagrasse: Verdier, 2003.

MUMFORD, Lewis. *The City in History. Its Origins, its Transformations, and its Prospects*. Nova York: Harcourt, Brace & World, 1961; trad. it. *La città nella storia*, III: *Dalla corte alla città invisible*. Milão: Bompiani, 1985.

NEUMANN, Franz. *Behemoth. The Structure and Practice of National Socialism*. Nova York: Oxford University Press, 1942; trad. it. *Behemoth. Struttura e pratica del nazionalsocialismo*, editado por Mario Baccianini. Milão: Bruno Mondadori, 1999.

PALMIERI, Giuseppe. *Riflessioni sulla pubblica felicità relativamente al Regno di Napoli*. Nápoles: Raimondi, 1787.

PARK, Robert Ezra. *Masse und Publikum. Eine methodologische und soziologische Untersuchung*. Berna: Lack & Grunau, 1904; trad. it. *La folla e il pubblico*, editado por Raffaele Rauty. Roma: Armando, 1996.

____. *The City. Suggestions for the Investigation of Human Behavior in the Urban Environment*, in PARK, Robert Ezra; BURGESS, Ernest W. ; MCKENZIE, Roderick D., *The City* (1925). Chicago: The University of Chicago Press, 1938; trad. it. *La città: indicazioni per lo studio del comportamento umano nell'ambiente urbano*, in *La città*. Turim: Edizioni di Comunità, 1999.

PAVESE, Cesare. *Del mito, del simbolo e d'altro* (1943-44), in *Feria d'agosto*. Turim: Einaudi, 1946.

PIGUET, Marie-France. *Classe. Histoire du mot et genèse du concept des Physiocrates aux Historiens de la Restauration*. Lyon: Presses universitaires de Lyon, 1996.

PIROŽKOVA, Antonina Nikolaevna. *Gody, prošdšie rjadom (1932-1939)*; trad. it. *Al suo fianco. Gli ultimi anni di Isaak Babel*, editado por Gianlorenzo Pacini. Milão: Archinto, 1998.

PLESSNER, Helmut. *Macht und menschliche Natur. Ein Versuch zur Anthropologie des geschichtlichen Weltansicht* (1931), in *Gesammelte Schriften*, editado por Günter Dux, Odo Marquard e Elisabeth Ströker, em colaboração com Richard W. Schmidt, Angelika Wetterer e Michael-Joachim Zemlin, v. Frankfurt: Suhrkamp, 2003; trad. it. *Potere e natura umana. Per un'antropologia della visione storica del mondo*, editado por Bruno Accarino. Roma: manifestolibri, 2006.

POËTE, Marcel. «L'Évolution des villes», *La Vie urbaine*, n. s., 5, 1930, pp. 297-308.

____. «Paris. Son évolution créatrice. I. Introduction à la vie urbaine», *La Vie urbaine*, n. s., 40, 1937, pp. 195-220.

POUND, Ezra. *With Usura. The Fifth Decades of Cantos* (1937), in *Cantos*. Londres: Faber & Faber, 1964; trad. it. *Contro l'usura. La quinta decade dei Cantos*, in *I Cantos*, editado por Mary de Rachewiltz. Milão: Mondadori, 1985.

PRAZ, Mario. *Mnemosyne. Parallelo tra la letteratura e le arti visive*. Milão: Mondadori, 1971.

RANK, Otto. *Der Mythus von der Geburt des Helden. Versuch einer psychologischen Mythendeutung*. Lepzig/Viena: Deuticke, 1909; trad. it. *Il mito della nascita dell'eroe. Un'interpretazione psicologica*, editado por Francesco Marchioro. Milão: SugarCo, 1987.

____. «Ein Traum, der sich selbst deutet», *Jahrbuch für psychoanalytische und psychopathologische Forschungen*, 2, 1910.

ROAZEN, Paul. *Freud. Political and Social Thought*. Nova York: Knopf, 1968; trad. it. *Freud. Società e politica*. Turim: Boringhieri, 1973.

ROSSI, Pasquale. *L'animo della folla*. Cosenza: Riccio, 1898.

____. *Sociologia e psicologia collettiva*. Roma: Colombo, 1904.

SCHMITT, Carl. *Die politische Theorie des Mythus* (1923), in *Positionen und Begriffe im Kampf mit Weimar-Gempf-Versailles 1923-1939*. Hamburgo: Hanseatische Verlagsanstalt, 1940.

____. *Der Begriff des Politischen. Text von 1932 mit einem Vorwort und drei Corollarien*. Berlim: Duncker & Humblot, 1963; trad. it. *Il concetto di «politico»*, in *Le categorie del politico. Saggi di teoria politica*, editado por Gianfranco Miglio e Pierangelo Schiera. Bolonha: il Mulino, 1972.

SCHOLEM, Gershom. *Über Klage und Klagenlied* (1918), in *Tagebücher nebst Aufsätzen und Entwürfen bis 1923*, II: *1917-1923*, editado por Karlfried Gründer, Herbert Kopp-Oberstebrink, Friedrich Niewöhner em colaboração com Karl Erich Grözinger. Frankfurt: Jüdischer Verlag, 2000.

SIGHELE, Scipio. *La folla delinquente* (1891), editado por Clara Gallini. Veneza: Marsilio, 1985.

SIMMEL, Georg. *Die Mode*, in *Philosophische Kultur. Gesammelte Essays*. Leipzig: Klinkhardt, 1911; trad. it. *La moda*, editado por Lucio Perucchi. Milão: SE, 1996.

SOREL, Georges. *Réflexions sur la violence* (1908). Paris: Rivière, 1936; trad. it. *Riflessioni sulla violenza*. Bari: Laterza, 1970.

STEIN, Edith. *Beiträge zur philosophischen Begründung der Psychologie und der Geisteswissenschaften — Eine Untersuchung über den Staat* (1922 e 1925), Tübingen: Niemeyer, 1970; trad. it. *Psicologia e scienze dello spirito. Contributi per una fondazione filosofica*. Roma: Città Nuova, 1996; *Una ricerca sulo Stato*, editado por Angela Ales Bello. Roma: Città Nuova, 1993.

STEIN, Gertrud. *Portraits and Repetition*, in *Lectures in America* (1935).

Beacon Hill/Boston: Beacon Press, 1957; trad. it. *Ritratti e ripetizione*, in *Conferenze americane*, editado por Caterina Ricciardi e Grazia Trabattoni. Roma: Lucarini, 1990.

STEVENSON, Robert Louis. *The Bottle Imp* (1891), in *The Works of Robert Louis Stevenson*, XIII: *Islands Night's Entertainments — The Misadventures of John Nicholson*. Londres: Heinemann, 1923; trad. it. *Il diavolo nella bottiglia e altri racconti*, editado por Ettore Mazzali. Milão: Feltrinelli, 1987.

STIELER, Georg. *Person und Masse. Untersuchungen zur Grundlegung einer Massenpsychologie*. Leipzig: Meiner, 1929.

STOLL, Otto. *Suggestion und Hypnotismus in der Völkerpsychologie* (1894). Leipzig: Veit & Co, 1904.

TARDE, Gabriel. *Les Lois de l'imitation* (1890). Paris: Les empêcheurs de penser en rond/ Seuil, 2001; trad. it. *Le leggi dell'imitazione*, in *Scritti sociologici*, editado por Franco Ferrarotti. Milão: Mursia, 1976.

____. *Les Lois sociales. Esquisse d'une sociologie* (1895). Paris: Les empêcheurs de penser en rond/ Seuil, 2003.

____. *Le Public et la foule* (1898), in *L'Opinion et la foule*. Paris: PUF, 1989.

VERNE, Jules. *Paris au XXe siècle* (1863), editado por Piero Gondolo della Riva. Paris: Hachette, 1994; trad. it. *Parigi nel XX secolo*, editado por Maurizio Graso. Roma: Newton Compton, 1995.

VERRI, Pietro. *Sull'indole del piacere e del dolore* (1773), in *Edizione nazionale delle opere di Pietro Verri*, III, 1: *Discorsi e altri scritti degli anni Settanta*, editado por Giorgio Panizza com a colaboração de Silvia Contarini, Gianni Francioni e Sara Rosini. Roma: Edizioni di Storia e Letteratura, 2004.

ÍNDICE ONOMÁSTICO

Dados Internacionais de Catalogação na Publicação (CIP)
(Câmara Brasileira do Livro, SP, Brasil)
Cavalletti, Andrea
Classe / Andrea Cavalletti ; tradução Vinícius
Nicastro Honesko. — Belo Horizonte, MG : Editora Âyiné, 2022.
Título original: Class.
Bibliografia.
ISBN 978-65-5998-037-6
1. Biopolítica 2. Classes sociais 3. Conflito social 4. Consciência de classe
I. Honesko, Vinícius
Nicastro. II. Título.
22-105737 CDD-101
Índices para catálogo sistemático:
1. Filosofia e sociedade 101
Eliete Marques da Silva — Bibliotecária — CRB-8/9380

TROTZDEM

۱ *Estrangeiros residentes* Donatella Di Cesare

۲ *Contra o mundo moderno* Mark Sedgwick

۳ *As novas faces do fascismo* Enzo Traverso

۴ *Cultura de direita* Furio Jesi

۵ *Punir* Didier Fassin

۶ *Teoria da classe inadequada* Raffaele Alberto Ventura

۷ ***Classe*** **Andrea Cavalletti**

Composto em Lyon Text e Placard
Impresso pela gráfica Rede
Belo Horizonte, 2022